# 基于深度学习的单元教学实践

白计明 张玉平 王秀娟 ◎ 编著

河海大学出版社
·南京·

图书在版编目（CIP）数据

基于深度学习的单元教学实践/白计明，张玉平，王秀娟编著. -- 南京：河海大学出版社，2022.1
ISBN 978-7-5630-7439-6

Ⅰ.①基… Ⅱ.①白…②张…③王… Ⅲ.①课堂教学—教学研究 Ⅳ.① G424.21

中国版本图书馆 CIP 数据核字 (2022) 第 010772 号

| 书　　名 | 基于深度学习的单元教学实践 |
|---|---|
| 书　　号 | ISBN　978-7-5630-7439-6 |
| 责任编辑 | 龚　俊 |
| 特约编辑 | 梁顺弟 |
| 特约校对 | 丁寿萍 |
| 封面设计 | 张育智　吴晨迪 |
| 出版发行 | 河海大学出版社 |
| 地　　址 | 南京市西康路1号（邮编：210098） |
| 网　　址 | http://www.hhup.com |
| 电　　话 | 025-83737852（总编室）　025-83722833（营销部） |
| 经　　销 | 江苏省新华发行集团有限公司 |
| 排　　版 | 南京布克文化发展有限公司 |
| 印　　刷 | 江苏凤凰数码印务有限公司 |
| 开　　本 | 718毫米×1000毫米　1/16 |
| 印　　张 | 11.25 |
| 字　　数 | 193千字 |
| 版　　次 | 2022年1月第1版 |
| 印　　次 | 2022年1月第1次印刷 |
| 定　　价 | 58.00元 |

## 编写委员会

主 编 白计明 张玉平 王秀娟
参编人员 曹藏文 何文娟 黄 伟
 吕旭其 马 跃 田立元
 王 丹

# 前言

世界充满了不确定性，让人感到不安和恐惧，而教育是我们应对各种挑战最大的希望。

真正的、专业的教育只能实实在在地发生在学校、学生和教师之间。课堂中的教和学是教育最重要的载体，教师、学生和学科三者之间的互动，形成了教育的复杂系统。从这三者之间的关系中，逐渐形成了"教师中心说""学科中心说"和"学生中心说"等不同的教育价值取向。每一位教育从业者都会受到某种观念的支配，并往往对此深信不疑。

我国基础教育从重视"双基""三维目标"到重视"核心素养"，在这样一种转化中，我们能感受到教育对"人"的关注和回归。

北师大三附中的课堂教学从2012年的"课时目标"研修、"高效课堂"实践到2017年"深度学习"的推进，正是顺应了时代的要求。

## 一、教为了学

2016年我校邀请北师大朱嘉教授团队对学校的80节课进行诊断，结果发现教师在课堂上对学生主要的影响方式是"指令性"语言和讲授，而学生的状态大多是"沉默和无效应答"。

诊断结果是：在课堂上，教师对学生的关注不够，对学生的学习关注不够。

教师和学生虽然处在同一个空间和时间中，但往往思想不在一个"频道"上。教师的"教"很多时候变成了一种"独白"，学生的"听课"成为一种假象，学习成了一个伪命题。这种停滞在过去的课堂教学模式，导致学生会做题但不会解决真实问题。学生学到的是一些脱离实际情境的、碎片化的事实和概念，以及被割裂的技能，特别是"讲授告知式"的教学模式，难以真正实现培养学生自主、合作、探究的学习方式，难以培养和发展学生的核心素养。

基于此，我们引进北京师范大学郑葳教授牵头的"深度学习"教学改进项目，该项目深度契合了以核心素养为目标的课程理念，立足于推动以学生学习为中心、以学生核心素养培育为目标的教学改革。

深度学习要求教学要站在学生学习和成长的角度，重新定位教学目标、教学内容、教学过程和教学评价。

教是为了学！教要研究学！教需依靠学！

所谓深度学习，就是指在教师引领下，学生围绕着具有挑战性的学习主题，全身心积极参与、体验成功、获得发展的有意义的学习过程。

"学习是由学习者经验引发的认知的改变"，教师要创设生活"大情境"、提出"大任务"来触碰学生已有的"经验"，并及时评价来回应学生的学习效果，让学生体验成功、获得学习的意义，从而发生真正的学习。

此书就是北师大三附中物理教研组教师帮助学生学习的印记，满含教师的思考和智慧，是对真教育有意义的实践和探索，也为促进深度学习拉开了序幕。

教师的专业化水平是由其对学生学习规律的把握决定的，而不仅仅看学科专业知识的多寡。

## 二、成为"明师"

教学是明白人把人教明白的过程，在教育教学上成为"明师"，是帮助学生学习的前提。

教师的教育教学行为就其表现形式而言，是由思想决定的；就其表现内容而言，是由素质决定的。高素质的教师从事的教育才称得上是素质教育。

提升教师素养是培育学生素养的前提。北师大三附中重视教师队伍建设，积极为教师发展搭建平台，教研组逐渐成为教师发展的学习共同体。苏霍姆林斯基说："如果想让教师的劳动能给教师一些乐趣，使天天上课不致变成一种单调乏味的义务，那就应当引导每一位教师走上从事一些研究的这条幸福的道路上来。"

教师走上研究道路是为了明确教育教学的规律、明晰学科的本质、明白学生的学习认知规律，成为明明白白的教师。物理教研组在北京师范大学郑葳教授、李春密教授和北京教育科学研究院基础教育研究中心物理教研室主任陶昌宏老师的帮助和指导下，由北京市骨干教师王秀娟老师带领，抓住"深度学习"教学改进项目的契机，利用每一次的学科研究会，聚焦课堂真问题，研究学科本质，关注学生学习，相互交流，围绕着教学主题开展行动研究。每一位教师都是实践和研究的主体，参研教师对教学设计、教学策略发表看法，开展真正的研讨交流，进行思维碰撞，产生智慧火花，共同创造、共同分享集体的智慧成果。在集体备课、共同分析教材研究学情的基础上，教师可以再次根据自己的教学特点和班级实际进行个性修改从而进行实践教学，其成果进入学校教学资源库进行全校共享。

通过"理论学习–校本研究–教学实践–反思提升"的模式，改进了教和学的方式。

研究和反思应是教师的一种生活状态，肯于克服思想的惰性，积极"格物致知"，做一位明明白白的教育人，这是需要有大智慧的。在研究中实践、在实践中研究，这是对"师德"最好的诠释。

## 三、培育思维

蒙田提出教育的目标是：一个构造得宜的头脑胜过一个充满知识的头脑。学习知识不是为了换取分数，而是为了建构严谨的思维习惯。因为世界是个复杂的系统，我们应该用系统思想开展学习、认识世界。

整体决定部分，结构决定功能。系统思想强调整体性、生成性和组织结构模式，深度学习倡导整体性的大单元教学、大概念教学。

一个大单元由诸多的课时构成，各个课时可以从不同的视角对同一主题进行全面有序地解析。大单元设计是"核心素养–课程标准–单元设计–课时计划"的综合，是核心素养得以落实的重要条件。

学科大概念指的是学科某一领域普遍存在的大道理，是培育核心素养的重要依托，从层次维度上看，是由低到高纵向结构的学科课时内的大概念、学科单元内的大概念、学科单元间的大概念、跨学科间的大概念。学科大概念下知识体系的构建，是把合理的、零散的知识联系在一起，组成一个整体，构成一个体系，便于知识的整体认知。从微观的关注点转向宏观大概念的建立，确保目标设计的整体性与课程的价值取向相一致，实现单元统整的教学目标与培育学科核心素养的目标对接。

在知识经济时代，知识的习得不能仅仅止步于"是什么"的机械记忆性学习，更要进行"为什么""怎么做"的深度学习。

物理学是讲"理"的，"理"有道理、原理和真理；"理"讲顺序、讲逻辑、讲思维；"理"讲发现问题、分析问题、解决问题。

《基于深度学习的单元教学实践》是北师大三附中有教育情怀、有理性专业精神的物理教师教学实践的探索，旨在培养有"理"走遍天下的思想者和实践者，以应对这个复杂和不确定的世界。

北京师范大学第三附属中学校长<br>
白计明<br>
2021 年 8 月

# 序 1

照片中这位落落大方的女教师叫王秀娟，本书主要撰稿人。前几天她跟我说，想请我给他们最近完成的《基于深度学习的单元教学实践》一本书写个序言。我不假思索，并大声地跟她说："没问题！"我怎么什么都不问、什么都不想，就爽快答应了呢？

能为北京师范大学第三附属中学（原来的北京市第一二三中学）做些事情，我很高兴，这是我一生都会高兴的事。因为，那里有我青春的足迹，有我洒下的汗水，留给我最美好的记忆。那里曾锻炼了我，培养了我。我熟悉那里的图书馆、阅览室、实验室、宽敞明亮的大教室；我熟悉那里的一砖一瓦。我眼前常浮现出一张张神态各异，充满生机的笑脸，常出现上课、听课、运动会、联欢会等生动场面。在中国共产党的第二个百年征程中，为学校教师队伍的发展，为学校更上层楼，我定会尽绵薄之力。

没见书稿之前，我心里已做出判断，这个书稿值得我学习，值得我欣赏，可能会值得我宣传和推介。因为近几年，学校物理教研组在争创海淀区物理学科基地校的过程中，我看到了在王秀娟老师带领下物理教研组所投入的热情、付出的努力、取得的成果。他们将初、高中的重要实验，传统与现代相结合的实验，不仅全部规范地演练、演示成功，并且都拍摄成视频。这是一个巨大的工程，这期间的汗水与智慧、坚持与努力、成功与喜悦可想而知，物理教学效果则不言而喻。这是物理气象，这是物理气派。

如果教师在组织学生建构概念、认识规律的过程中能够基于实验、基于事实，他将是一位了不起的教师，了不起的教师一定会培养出了不起的学生。

2021年7月份，家住学校附近的一位朋友，兴奋地告诉我，他的孙女，如愿地在第一次全区派位中，被北师大三附中录取了。这个讯息，无疑从一个侧面证实了学校的氛围、变化和发展。

从这份书稿中，我仿佛看到了物理教研组教师们的精神面貌，看到了他们对新课程的理解、对深度学习的思考、对单元教学的认识和实践。初读书稿，首先进入我眼帘的是：

以"大任务"统领的单元教学设计；

以"大思路"整合的单元教学设计；

以"大概念"统摄的单元教学设计；

以"大情境"引领的单元教学设计。

我在想，我也这样认为，作为一线物理教师，如果没有比较深厚的物理学科基础，没有对核心素养课程目标的深入理解，没有对课堂教学的深刻实践，没有对物理实验教学的刻苦钻研，其中几个"大"可能会成为名词，成为口号，成为心向往之，可能会成为空中楼阁或被束之高阁。而在他们的教学案例中，我鲜明地看到，他们不仅能够驾驭和统领"大任务""大思路""大概念""大情境"，而且能够脚踏实地处理好具体的教学环节，其中有些教学环节具有新意。那些"大"和每一个教学环节实实在在地成为一个有机整体，令我欣赏！

正如文中所阐述的那样：单元教学并不是简单打破"节"，其精髓在于整体设计与有序实施，即在整体设计时心怀具体内容，具体内容实施时仰望整体。

"整体设计"需要大格局、大视野、大胸怀，要有统领和驾驭课程内容的专业能力，这是教师专业素养的体现。"有序实施"要精细、要确切、要自然，要有由小见大、由浅入深、由表及里的专业能力，这是对教师专业化的要求，是教师教学基本功的体现。

课程改革呼唤这样的教师，课程改革需要这样的教师，更为重要的是学生需要这样的教师。北师大三附中物理教研组的教师，他们已经有能力站在课程改革的前沿。

教师都知道，教学设计中，教学目标的制定是重要内容。

书中的单元教学设计设定的教学目标，从形式到内容，已不空洞，已不高调，已不华丽，而是发自教师内心，教师能够掌控，是有保障措施的，是专属这个主题的，通过具体教学活动而实现的目标。

例如，在机械振动单元教学设计中：

物理观念维度有如：

1.通过对机械振动现象的观察，形成弹簧振子、单摆等简谐运动的基本运动观念，并能从运动学和能量的视角描述简谐运动。

2.……

科学思维维度有如：

3.通过对机械振动中简谐运动的研究，以弹簧振子、单摆为实例的具体分析，培养将实际问题中的对象和过程转化为物理模型的能力，体会从复杂到简单、从实际到理想的研究方法。

4.……

5.……

科学探究维度有如：

6.……

7.通过实验，探究单摆的周期与摆长、重力加速度的关系，能依据单摆的周期设计测量重力加速度的实验，并能处理数据分析误差，提升实验探究的能力。

8.……

科学态度与责任维度有如：

9.通过查阅伽利略、惠更斯、牛顿等科学家关于单摆的运动规律及应用的研究，增强对科学本质的认识。

10.……

可以这样说，他们制定教学目标已经从"必然王国"正在走向"自由王国"。

书中给出的单元教学设计，是在深入学生学情分析、深入教学内容分析的基础上，以核心素养为导向进行"整体设计和有序实施"，教学目标的制定有针对性，学生的学习活动精心设计，因此，深度学习的理念已经寓于其中。

学校物理教研组的教师，对物理课程有着较为深入的认识，他们从物理学科中探寻逻辑的力量，他们能够在教学中不仅关注知识逻辑、教学逻辑，更关注了学生的学习逻辑，以知识逻辑为载体，基于学习逻辑设计我们的教学逻辑。

学校物理教研组的教师，经过探索和实践，使同一教学内容，设计、经历、实践了不同的教学方式。以高中物理必修一《超重和失重》这节教学为例，基于知识本位的设计，曾在这节课上设计多个实验，从力和运动的视角促进学生理解超重和失重的概念；基于学生主体的教学设计，曾将体重秤搬进教室，每两人一台，小组完成体验并记录数据分析，进而理解超重和失重；基于深度学习的单元教学理念，设计成一个任务"制作加速度测量仪"并测量电梯的加速度，从而引出超重和失重的概念。这样的变化，符合学生的认识规律，体现新的教育理念，具有鲜明的时代特征，这是教师教育理念的变化，是专业能力的提升。这样的实践经历，正在使教师的经验变得更有价值、更有意义，成为教师持续发展的动力。

这份单元教学设计的书稿，是物理教研组教师实践的积累、是实践的总结、是实践的提升，具有其一定的理论体系，是教师亲力亲为的教学设计。

北师大三附中能够呈现这样一本值得阅读、值得欣赏、有借鉴意义的书，我能够感受到学校教学研究的氛围，正如白校长在前言中所说的那样："北师大三附中的课堂教学从2012年的'课时目标'研修、'高效课堂'实践到2017年'深度学习'的推进，正是顺应了时代的要求。"

正是这种教研氛围和递进的教学研究，才使得北师大三附中物理教研组诞生了《基于深度学习的单元教学实践》这一既有教育情怀、又有理性专业精神的教学实践、探索的研究成果。可喜可贺！

我看得出，这成果当中，一定凝聚着北京师范大学郑葳教授、李春密教授及其团队对三附中进行专业指导、专业服务的过程中所付出的心血与汗水！

对此书稿，我知道，我说了不少溢美之词，但是，我是有感而发的，是发自内心的。我欣赏他们的状态，我尊重他们的劳动，我欣赏他们的成果。

提点希望：

书稿中，我看到了"大任务""大思路""大概念""大情境"下的教学设计，其中的"大任务"，基本上都是教师制定和设计的。在接下来的研究中，希望在这个基础上，让学生参与到"大情境"的创设，让学生在"大情境"下提出有价值的科学问题，提出学习任务，设计探究方案，进行实验探究。这是我期待看到的。

最后，我希望北师大三附中的教师们继续进行研究。教学研究，能使自己变成更好的自己，能使自己成为学生喜欢、家长信任、同行称赞、领导尊重、内心愉快的教师，我和你们共勉。

完成这个序言，一抬头看表，快下午两点了，有点饿了，还好，冰箱里有自己家种的韭菜包的饺子，今天的饺子真香！

北京教育科学研究院基础教育研究中心物理教研室　陶昌宏

2021年8月10日

# 序2

一个月前，北京师范大学第三附属中学物理教研组组长王秀娟教师将他们的力作《基于深度学习的单元教学实践》这本书的初稿送给我，希望我给提点意见。说心里话，我非常愿意阅读这样的著作，一方面有助于我了解一线教师的教学探索历程，另外也有助于我补充自己教育教学经验的不足。新课程改革，引发了广大一线教师极大的教学研究热情，以新课程的教学理论提升教学理念。北京师范大学第三附属中学积极参与"深度学习教学改进"项目，该书是在课题的引领下做的探索和实践，是该校物理教研组课题阶段成果的梳理和总结。但对于写序言一事，多有犹豫，怕写得不好，辜负了一个优秀物理教研组教师的热忱，也影响读者的兴致。无奈盛情难却，加之读后确有一些想法，与各位交流，敬请大家批评。

自中华人民共和国成立，特别是改革开放以来，我国基础教育课程目标从"双基"发展到"三维目标"，再发展到本轮课程改革的"核心素养"目标，每一次都是飞跃，都带来课程体系结构、课程内容、教学过程乃至考试评价的必然变化。课程目标、课程体系结构、课程内容标准、学业质量标准等的变化终究要落在课堂上，这些变化必须通过教师的教学设计转化为教学过程，最终才能转化为学生的核心素养发展。

教师如何有效落实新的课程标准，实现立德树人的根本任务，这就需要我们在教学取向上实现变迁：真正落实新的教育理念，以学生为主体，学生能够主动学习，通过动手、动脑、合作与交流，从单纯的知识获得转变为核心素养的发展；从碎片化的知识学习转变为核心知识结构的学习；从具体的物理知识的学习转变为物理观念、科学思维、科学探究、科学态度与责任的发展；从注重知识结论的学习转变为彰显知识功能价值的学习；从抽象的知识学习转变为解决综合实际问题的学习。

要实现物理教学取向的变迁，教师首先需要深度学习。新的课程改革从教育理念、教学方式、评价方式等多方面对教师提出了新的要求，需要教师对物理学科核心知识进行再认识、再梳理、再理解，实现对知识的更新、教育行为的转变，特别是从新的教育理念出发，改进教学行为。深度学习强调学生是学习的主体，也强调教师的主导作用，教师是活动的设计者，是学生学习的合作者和引导者、教练员，需要基于物理学科的核心素养，深入挖掘物理核心知识的教育价值，让学生学习"真实"的物理知识。教师是学生成长的激励者和引领者，教师应成为向导，引导学生通过不断扩大知识库来实现发展和进步，把准学生能力的最近发展区，设计具有挑战性的问题和驱动性任务，给学生提供问题解决的机会和核心素养发展的空间，促进学生持续性发展。

开展物理深度学习，要强化课堂主阵地的作用，切实提高课堂教学质量。要建立师生学习共同体，通过挑战性的任务，使学生从感觉、知觉、思维、情感、意志等方面全身心投入、高度参与、沟通与交流、反思与修正。加强实际情境设置，帮助学生构建知识结构，形成物理观念，并能够应用物理观念解决实际问题；加强思维教学，体会科学研究方法，养成科学思维习惯，增强创新意识和实践能力；注重探究教学，倡导教学方式的多样化，突出问题导向，强调真实问题情境，引导学生在不断探索中解决物理问题，发展科学探究能力；深入挖掘物理知识中的育人价值，培养学生探索自然的好奇心和求知欲，引领学生认识科学的本质以及科学·技术·社会·环境（STSE）的关系，形成科学态度、科学世界观和正确的价值观，具有实现中华民族伟大复兴的责任感与使命感。

开展物理深度学习，目标指向发展学生学科核心素养。物理学科核心素养是物理教育全面贯彻党的教育方针、落实立德树人根本任务、发展素质教育的抓手，是物理学科育人价值的集中体现，是学生通过物理学习逐步形成的正确价值观念、必备品格和关键能力。物理深度学习要以物理学科知识为载体，以挑战性活动为渠道，发展学生的物理核心素养，使学生成为德智体美劳全面发展的社会主义建设者和接班人。

《基于深度学习的单元教学实践》这本书是北师大三附中物理教研组教师们在新课标的背景下，学习了教育部基础教育课程教材发展中心刘月霞和郭华老师编写的《走向深度学习》以及李春密和马朝华老师编写的《深度学习·初中物理》系列理论，在"深度学习教学改进"课题的引领下做的探索和实践，是该校物理教研组课题阶段成果的梳理和总结。书中对于深度学习中"设计有挑战的学习任务"给出了具体的形式和实施的策略。学习的任务以"大任务、大概念、大思路、大情境"的形式呈现，依据年级特点，挖掘教材，立足课标，设计符合学情的学习任务。北师大三附中作为北京市海淀区的一所区级示范校，物理教研组教师们在新课改的大背景下，在物理教学实践中学习新课标、践行新理念、探索新思路，并能汇集新成果，这种开拓和进取的精神是难能可贵的，这也是他们的一种责任和担当。本书介绍的研究成果侧重于教学实践经验，对高中物理教师实施新课标教学有参考价值。在此，我祝贺这本书出版，希望能对广大物理教师实施新课程标准有所助益，也希望在促进学生核心素养发展方面，物理教育领域能有更多的、更深入的研究问世。

李春密

北京师范大学物理系教授

2021 年 8 月

# 目录

第一章　基于深度学习的单元教学概述 ……………………………………… 001

第二章　基于深度学习的单元教学案例 ……………………………………… 010
　第一节　以"大任务"统领的单元教学设计 ………………………………… 010
　　案例一　设计直线粒子加速器 ……………………………………………… 010
　　案例二　设计制作电饭煲 …………………………………………………… 020
　　案例三　设计制作加速度测量仪 …………………………………………… 028
　　案例四　设计制作一件乐器 ………………………………………………… 036

　第二节　以"大思路"整合的单元教学设计 ………………………………… 050
　　案例一　从宏观和微观的视角研究分子的热运动 ………………………… 050
　　案例二　用"图像语言"描述和研究电容器 ……………………………… 059
　　案例三　用图像分析实验数据 ……………………………………………… 073

　第三节　以"大概念"统摄的单元教学设计 ………………………………… 083
　　案例一　以简谐运动的研究发展运动和能量观 …………………………… 083
　　案例二　机械能及其守恒的研究 …………………………………………… 090
　　案例三　生活中的力 ………………………………………………………… 106

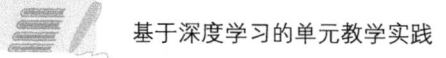

第四节　以"大情境"引领的单元教学设计 …………………… 116
　　案例一　水中逃生——探究汽车落水后人的逃生方案 …… 116
　　案例二　我身边的能量 …………………………………… 127
　　案例三　重新认识生活中的小机械 ……………………… 145

# 第三章　基于深度学习的单元教学实践反思　154

# 参考文献　157

# 后记　159

# 第一章

# 基于深度学习的单元教学概述

## 一、问题的提出

2017版《普通高中物理课程标准》中明确要求，"进一步精选学科内容，重视以大概念为核心，使课程内容结构化，以主题为引领，使课程内容情境化促进学科核心素养的落实。"《中国高考评价体系》中关于学科素养中"学习掌握"的二级指标中明确提出培养学生知识整合的能力，在《中国高考评价体系说明》中详细讲解了依托"情境"考查学生必备知识、关键能力、学科素养和核心价值的相关性。综上，结合具体情境的单元教学是落实学科素养的有效途径。

## 二、概念的综述

### （一）深度学习

教育部基础教育课程教材发展中心负责的深度学习总项目将其定义为："在教师引导下，学生围绕着具有挑战性的学习主题，全身心积极参与、体验成功、获得发展的有意义的学习过程。在这个过程中，学生掌握学科的核心知识，理解学习的过程、把握学科本质及思想方法，形成积极的内在学习动机、高级的社会性情感、积极的态度、正确的价值观，成为具有独立性、批判性、创造性又有合作精神，基础扎实的优秀的学习者，成为未来社会实践的主人。"

从概念的界定可以看出，深度学习需要立足学生立场，整体考虑。学生的深度学习集中表现在主动参与、积极体验、深入思考。具体表现为学生能够在新旧知识间建立联系形成结构、理解知识所蕴含的基本思想方法，能够运用知识和思想方法灵活且有条理地解决真实情境中的问题、完成有挑战的任务、能够对知识的意义与价值有正确的判断。教师促进学生深度学习的努力，集中表现为学生立场下的结构化内容组织、情境化内容呈现、活动化过程实施和有针对的学习指导。具体表现为对于课程和学生理解与把握，提供有助于学生建立新旧知识之间、知识与方法之间、知识与生活之间联系的结构化学习内容，创设有助于激发学生兴趣和动机、兼顾知识生成和应用的现实情境或者问题和任务情境，呈现有助于学生主动参与、积极体验、深入思考的系列化、进阶性、自主性学习活动，并能够通过评价及时有效指导学生学习和促进学生认识知识的意义和价值。

## （二）单元教学

在学科大概念的引领下，由单元的目标、主题、内容、任务、评价、资源六个要素构成的系统，如图1.1。单元教学强调单元思想和单元视角，引导学生建立联系的、统整的思维，重视核心知识发展核心素养的功能，教学中将孤立、细碎的知识点结构化、体系化和情境化。

单元教学的组织形式有多种方式：可以按照教材的编写逻辑，单元的主题与章节一致，即：按照教科书章节的主要内容；可以跨章节内容整合，打通年级学习内容，即：按照学科核心素养发展进阶；可以链接日常、社会、生活和科技前沿等，组织学科内项目学习，即：按照学科专属性的任务组织；可以组织学生调用各学科知识，解决实际问题，实现跨学科的综合实践，即：按照真实情境下的学习任务。毕业年级的复习课可以通过学科思想或是方法组织学习内容，即：按照思维方法整合教学内容。

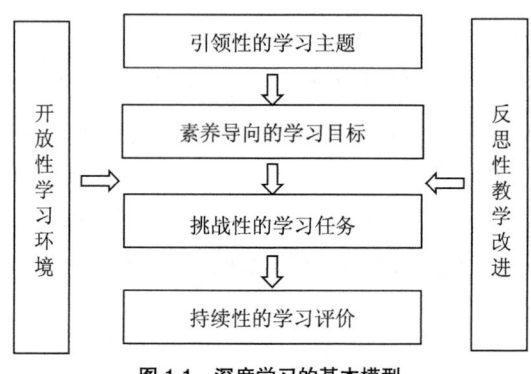

图1.1 深度学习的基本模型

## 三、实施的策略

### （一）单元教学设计的基本环节

单元教学设计是以一个单元学习内容为整体，既能统筹、规划统揽全局，又能按步骤有序地开展系列教学活动，以取得最佳的教学成效。单元教学并不是简单地打破"节"，其精髓在于整体设计与有序实施，即在整体设计时心怀具体内容，具体内容实施时仰望整体。具体设计流程如图1.2。

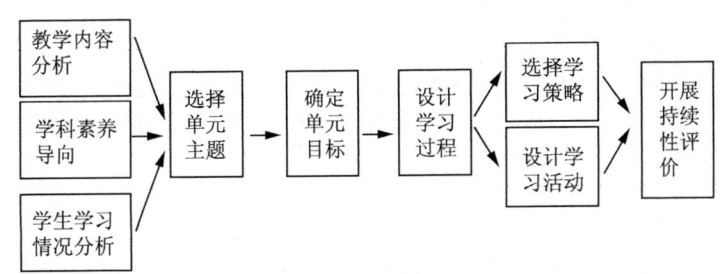

图1.2 单元教学设计流程

### （二）单元教学实施的基本流程

1. 凝练引领性学习主题

"单元学习主题"是指依据课程标准，围绕学科核心内容组织起来的，体现学科知识发展、学科思想与方法深化、能够激发学生深度参与学习活动、促进学科核心素养发展的主题。

在凝练单元主题的过程中，需关注学科大概念的重要性。结构化、情境化、凸显学科大概念的知识，发展核心素养的功能最强，以学科大概念统领学科内容可以精炼表达主题。学科大概念是反映学科本质，将学科思想方法和学科核心内容联系起来的关键点，可以将零散的知识整合，建立对学科的整体认识。在教学设计的过程，可以大概念为锚点确定单元主题。例如如下的单元主题可作为参考：

在《电磁感应》单元可以"从电场与磁场的统一性角度理解能量的转化与守恒"为主题；在《机械能守恒》单元可以"从能量的转化与守恒的角度深化对运动与相互作用的认识"为主题；在《机械振动》单元可以"以简谐运动的研究发展运动和能量观"为主题。

2. 确定素养导向的学习目标

依据学科课标、教材内容、学业进阶、学生基础制定单元目标。学习目标应以学生为主体、包含学习内容和学习途径、学习行为及相应的行为水平。例如：《机械振动》单元的学习目标，见表1.1。

表1.1 《机械振动》单元学习目标

| 课标素养 | 学习目标 | 对应水平等级 |
| --- | --- | --- |
| 物理观念 | 1.通过对机械振动现象的观察，形成弹簧振子、单摆等简谐运动的基本运动观念，并能从运动学和能量的视角描述简谐运动。 | A4 |
| | 2.通过对阻尼振动和共振现象的观察，深化运动和相互作用，以及能量观念，并能从运动和相互作用及能量观念出发，综合运用物理知识解决实际问题。 | A4 |
| 科学思维 | 3.通过对机械振动中简谐运动的研究，以弹簧振子、单摆为实例的具体分析，培养将实际问题中的对象和过程转化为物理模型的能力，体会从复杂到简单、从实际到理想的研究方法。 | B4 |
| | 4.通过对简谐运动、阻尼振动、受迫振动的研究，体会物理从简单到复杂、从理想模型到实际问题的研究思路。 | B4 |
| | 5.通过探究用多种方法获得简谐振动的位移时间图像，并通过推理论证，证明简谐运动的位移时间图像是正弦曲线，养成利用科学思维分析问题的习惯。 | B4 |
| 科学探究 | 6.通过实验认识简谐运动的特征，提升制定实验方案、获得数据、发现特点、形成结论的探究能力。 | C3 |
| | 7.通过实验，探究单摆的周期与摆长、重力加速度的关系，能依据单摆的周期设计测量重力加速度的实验，并能处理数据分析误差，提升实验探究能力。 | C4 |
| 科学态度与责任 | 8.通过查阅伽利略、惠更斯、牛顿等科学家关于单摆的运动规律及应用的研究，增强对科学本质的认识，树立正确的科学态度与责任。 | D1 |
| | 9.通过实验认识受迫振动和共振的特点，能应用振动的规律解释和解决生活中的相关问题，了解科学、技术、社会、环境的关系。 | D2 |

注：其中 A 代表物理观念；B 代表科学思维；C 代表科学探究；D 代表科学态度与责任。

在制定单元目标的过程中需注意如下几点：目标要能体现课程标准和教科书的主要知识水平，符合学生的认知，即目标的一致性；目标以学生核心知识为载体，指向学生对思想和方法的理解，即目标的本体性；目标要指向迁移应用学科知识解决问题能力的发展，即目标的发展性；目标的制定要具体可探查，体现期望学生达到的程度，即目标的可测性。

3.设计挑战性学习任务或活动

在教学设计中，教师根据单元学习主题、单元学习目标、学生已有的知识和经验，设计出具有辨析性、探究性和实践性的学习任务或活动，是落实深度学习目标的重要环节。在设计学习任务或活动中需考虑如下几点：首先是任务的规划性和逻辑性。既要以单元为实施单位统筹规划，对学习任务或活动进行整体设计，又要梳理清楚单元大的学习任务与每一课时的子任务之间的逻辑关系，明确核心素养在每一环节的发展要求。其次，要考虑任务或活动的实践性和多样性。在完成任务或是活动的过程中，需要学生思考、研讨、探究、概括、分析、解释、预测、设计、评价建构等多种形式，逐步培养学生思维的容量增大，形成的认识加深，建构的体系更加完整。最后，要考虑任务或是活动的综合性和开放性。如果设计的单元主题内容涉及知识较为广泛，在完成任务或是活动中，解决问题的方法和途径不唯一、答案不唯一，就需要调用多种知识、多种方法，引导学生经历、体验、发现知识的过程，展示他们对事物的新认识和新理解。以如下《以简谐运动的研究发展运动和能量观》主题单元的活动设计为例，见图1.3、表1.2。

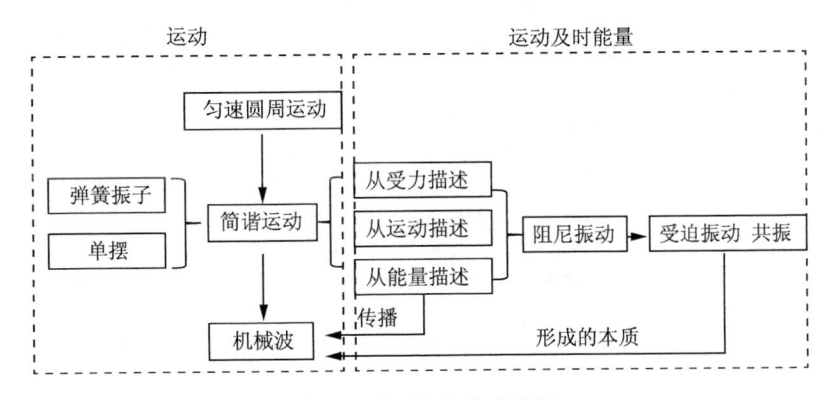

图1.3　单元知识内容分析

表1.2　核心任务与子任务的设计和规划

| 核心任务 | 子任务 | 教材对应内容 |
| --- | --- | --- |
| 如何从动力学和能量的视角分析机械振动？ | 任务1：如何从运动学角度描述简谐运动？ | 第1节：简谐运动<br>第2节：简谐运动的描述 |
| | 任务2：如何从受力的角度描述简谐运动？<br>任务3：简谐运动的能量特征。 | 第3节：简谐运动的能量 |
| | 任务4：从动力学和运动学两个角度分析单摆的摆动。 | 第4节：单摆<br>第5节：用单摆测重力加速度 |
| | 任务5：运用规律分析实际振动中的受力及能量转化。 | 第6节：受迫振动共振 |

整体规划按"节"实施是单元教学的落点,以系列"小问题"实现"大任务"是实施的可行策略。有了大任务统领了单元的主题,有了情境化的问题将任务分解,而真正实施的过程还是需要设计指向单元目标、驱动大任务、为单元评价提供依据的小问题,这是实现单元教学中课堂实施的关键。

按单元规划,按课节实施的任务流程及安排如表1.3。

**表 1.3　课时设计与实施**

| 任务序号 | 时长 | 教学过程 |
|---|---|---|
| 任务1：如何从运动学角度描述简谐运动？ | 40分钟 | 子任务1：弹簧振子的模型建构。<br>教师演示不同物体的振动。<br>问题1：这些运动有什么共同特点？<br>建立弹簧振子的模型。<br>子任务2：确定弹簧振子的位移与时间图像。<br>问题2：如何定义弹簧振子的位移呢？位移随时间如何变化？<br>活动1：方法探究：如何得到振子不同时刻的位置呢？<br>学生动手实践：笔尖振动拉动白纸。<br>问题3：猜想振子的位移时间图像遵循什么规律吗？<br>子任务3：确定弹簧振子运动位移与时间的关系式。<br>活动2：学生分组用位移传感器实验,完成实验报告的填写,记录函数图像及解析式。<br>问题4：通过数据函数拟合,从 $t=0$ 时开始选择拟合区域,能初步证实弹簧振子运动的位移时间图像为正弦函数,从数学角度你还有什么方法可以证实吗？<br>子任务4：从弹簧振子位移与时间关系式建立简谐运动模型。 |
| | 40分钟 | 子任务1：借助实验数据和数学知识学习巩固振幅、周期、圆频率、初相的概念。<br>子任务2：运用简谐运动规律解决问题。<br>教材例题 |
| 任务2：如何从动力学角度描述简谐运动？<br>任务3：简谐运动的能量特征。 | 40分钟 | 子任务1：弹簧振子振动时的受力有什么特点？<br>活动1：能否设计一个实验探究简谐运动中振子的受力呢？<br>问题：能从实验探究结果归纳弹簧振子的受力特点吗？<br>子任务2：从能量的视角研究简谐运动。<br>活动2：探究弹簧振子的能量及转化。 |

续表

| 任务序号 | 时长 | 教学过程 |
| --- | --- | --- |
| 任务4：从动力学和运动学两个角度分析单摆的摆动。 | 80分钟 | 子任务1：单摆理想化模型的建构。<br>活动：观察多种形式的摆动，建立单摆的模型。<br>子任务2：探究单摆的运动是否为简谐运动。<br>活动1：探究单摆的回复力是否与位移成正比方向相反。<br>活动2：探究单摆的位移与时间的关系是否满足正弦函数关系。<br>子任务3：分析单摆的周期。<br>演示实验：探究影响单摆周期的因素。<br>活动：阅读人教版选择性必修1第二章第4节《单摆》中"科学漫步"栏目，了解从"日晷到原子钟"。<br>子任务4：用单摆测重力加速度。<br>学生分组实验：用单摆测重力加速度；<br>完成实验报告的填写。 |
| 任务5：运用简谐运动的规律分析实际振动中的受力及能量转化。 | 40分钟 | 子任务1：从受力和能量的视角分析阻尼振动和受迫振动。<br>情境：手用一定的节奏摩擦"洗"的盆耳会溅起层层水花，这是为什么呢？<br>问题1：观察单摆振动过程中振幅的变化，分析机械能如何变化？<br>问题2：单摆的阻尼振动最终要停下来，那么怎样才能持续的运动呢？<br>问题3：观察实验，受迫振动的频率与什么因素有关呢？<br>问题4：观察实验，受迫振动的振幅与什么因素有关呢？<br>子任务2：应用振动的规律解决生活中的实际问题。<br>活动：阅读"科学漫步"，了解"振动控制技术及应用"。 |

### 4. 设计持续性评价

选定了单元主题、确定了单元目标、设计了挑战性的任务，学生学习的效果如何？学习的目标是否达到？这些都需要进行指向单元目标的持续性评价，这一环节是深度学习中重要的组成部分。单元教学评价是基于和指向单元目标的诊断，即：帮助教师随时了解目标的达成情况、检测和调控学生的学习过程、反馈与指导改进教学。设计单元评价的思路简单来说就是，用什么任务来评价目标的达成效果。评价是基于证据的推理和判断，学习过程、学习结果、学习态度、学习行为等都可以作为评价的证据。试卷、问卷、问题、提纲等表现性的学习活动都可以作为评价的方式。以如下《以简谐运动的研究发展运动和能量观》单元的评价设计为例，见表1.4。

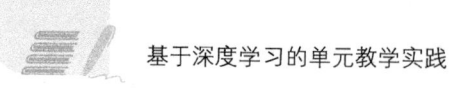

表 1.4 《以简谐运动的研究发展运动和能量观》单元的评价设计

| 需评价的任务 | 任务评价描述 ||||
|---|---|---|---|---|
| 任务1：如何从运动学角度描述简谐运动。 | 评价内容 | 评价指标 | 评价方法赋值方法 | 指向深度学习的特征及学习目标 |
| ^ | 通过实验探究弹簧振子位移与时间的关系。 | □能完成实验，确定关系式。<br>□能基本完成实验，测得数据，但是误差较大。 | 根据实验过程和结果评价 | 活动与体验，评价学生在实验过程中与同伴交流合作，获得数据、合理解释的探究能力。 |
| ^ | 如何确定简谐运动位移与时间关系式。 | □能根据所学数学知识合理论证。<br>□能基本说出论证过程，不流畅。<br>□不能推理论证。 | 教师提问 | 联想与结构，评价学生合理运用数学知识推理论证的能力。 |
| 任务2：如何从动力学角度描述简谐运动。 | 评价内容 | 评价指标 | 评价方法赋值方法 | 指向深度学习的特征及学习目标 |
| ^ | 能否设计一个实验探究简谐运动中振子的受力呢？ | □能利用传感器设计测量振子受力的实验，并能合理解释数据。<br>□能利用传感器设计实验，基本获得数据，但是误差较大，不能得出结论。 | 根据实验过程和结果评价 | 迁移与创造，评价学生能否设计一个同时测量振子受力和位移的实验，并能获得数据，通过交流和推理，得出规律。 |
| 任务3：从动力学和运动学两个角度分析单摆的摆动。 | 评价内容 | 评价指标 | 评价方法赋值方法 | 指向深度学习的特征及学习目标 |
| ^ | 能否从动力学的视角推理单摆所受回复力与位移的关系？ | □能规范推导单摆所受回复力的表达式。<br>□能对摆球做受力分析，但是不能推导回复力的表达式。 | 课堂提问 | 联想与结构，评价学生利用力和运动的知识分析摆球受力及回复力的特点，推理论证单摆符合简谐运动。 |
| ^ | 能利用单摆测重力加速度。 | □能小组合做规范完成实验，并获得数据，测得重力加速度值。 | 实验报告 | 活动与体验，评价学生在实验过程中与同伴交流合作，获得数据的探究能力。 |

从示例可以看出，持续性评价和学习活动设计要进行一体化设计。实现评价任务与学习任务整合，评价目标与学习目标一致，过程评价和结果评价并重。有效做到核心素养导向的单元学习目标达成情况的测查，同时起到检测与调控学习过程、反馈与指导教学改进的作用。

5. 构建开放性的学习环境

学习环境是实现深度学习的支持性、过程性要素，是实现自主性与协作学习的必要保障，也是学科落实"五育"的抓手。环境包括教室、实验室这些物理环境；还包括工具、资源、平台等虚拟环境。针对目前学生的特点及当下社会信息化程度的提高，可使用的资源环境更加丰富，可选择、多交互、大数据即时反馈等支持学生学习的个性化资源越来越多；也包括学生在活动中的自我建构的体验、获得解决问题方法的开心、分享的愉悦等人文环境。

6. 开展反思性教学改进

在教学中坚持反思会让经验更有价值。单元教学结束，从学生学习的成果到学习过程，从活动体验到教学经验，从个人到集体，从单元到课时，从数据到分析，从策略到改进等这些环节都需要不断研磨和反思，这才能使得教学不断深入，真正实现深度学习。

# 第二章

# 基于深度学习的单元教学案例

以深度学习为理念的单元教学如何整体规划，如何设计有挑战的学习任务？分课时如何选择教学策略？这都是值得思考的问题，也是一线教师的困惑。因此说，基于学科的特点，立足教材的学习内容，以大任务、大情境、大概念、大思路等统领单元都是使课堂教学走向"大融合"与"大发展"方向的有效策略，这与课程标准的要求是一致的，是指向深度学习理念的有效教学策略，也是深度学习理念中挑战性学习任务的具体呈现。

## 第一节 以"大任务"统领的单元教学设计

"大任务"即利用学科知识解决的实际任务或是问题。大任务贯穿整个单元的学习，大任务教学能够为学生提供更大的思考和想象空间，既有助于培养学生的物理思考能力，又能激发学生的学习兴趣，引导他们在任务的驱动下获取知识，应用知识，进行自我建构的过程。学生亲历这样的物理学习过程，在真实的任务中建构模型、实践探究、交流研讨，获得真实的学习感受，在解决实际任务的过程中完成知识的学习任务，并从中发展认知能力和处理问题能力。

**案例一**

1. 主题名称：设计直线粒子加速器
2. 主题概述
2.1 核心概念：力和能量（见图 2.1）

# 第二章 基于深度学习的单元教学案例

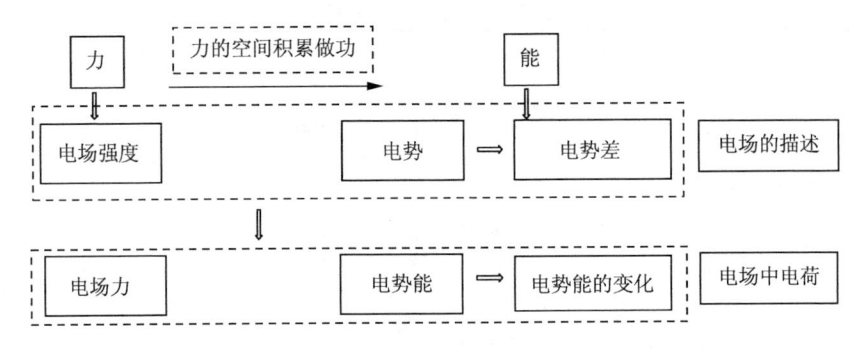

图 2.1 核心概念分析

## 2.2 内容结构

从 2019 版新教材内容分析，"静电场"单元是高中电磁学的第一章，起到承前启后的作用，是学习其他电磁学知识的重要基础。在新教材安排中以两章的形式呈现，第九章从力的视角来研究电场性质，把力学中建立起来的运动和相互作用观念，进一步应用于对静电场的研究，通过静电力的讨论建立电场强度的概念。第十章从能的视角研究电场性质，从功和能的关系建立了电势、电势差及电势能的概念。这两章的知识框架如图 2.2。

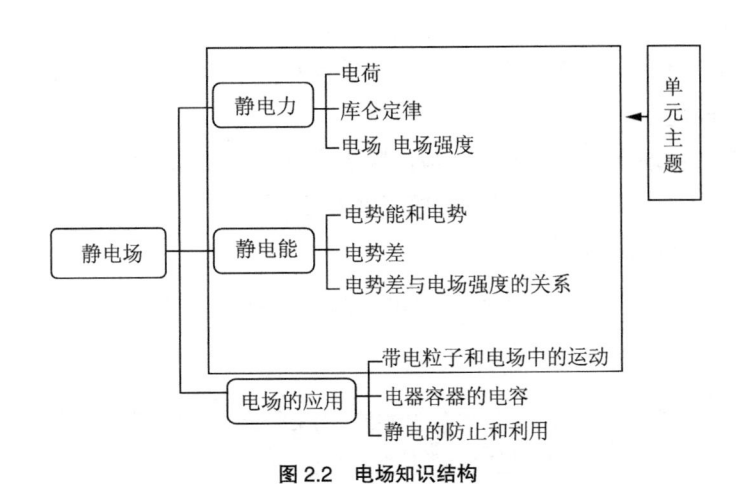

图 2.2 电场知识结构

## 2.3 呈现方式

通过任务驱动教学，整个单元有一个核心任务：如何利用电场设计直线粒子加速器。在这个核心任务之下又设计了三个任务，如表 2.1。

表 2.1　电场单元任务设计

| 核心任务 | 子任务 | 教材对应内容 |
|---|---|---|
| 如何利用电场"设计直线粒子加速器"？ | 任务 1：研究电荷及相互作用的规律。 | 第九章：<br>第 1 节：电荷<br>第 2 节：库仑定律 |
| | 任务 2：从力和能的视角研究电场。 | 第十章：<br>第 1 节：电场　电场强度<br>第 2 节：电势能和电势<br>第 3 节：电势差与电场强度的关系 |
| | 任务 3：设计直线粒子加速器。 | 第十章：<br>第 5 节：带电粒子在电场中的运动 |

3. 主题学情分析

在学科知识和思想方法方面：学生在前面学习了重力场的相关知识，对于物体在重力场中的受力及运动情况有知识的基础，可以通过类比的方法进一步学习电场的知识。

在科学思维方面：学生可能会在如下方面存在学习障碍，在学生的能力水平和兴趣方面，绝大多数学生能运用牛顿运动定律结合匀变速直线运动的规律解决直线运动的问题，但是运用功和能的规律解决问题相对较弱；对于场的认识，学生有初步的感性认识，但是微观层面的理论分析还是不足。

从教材内容和学生学习情况来分析，以设计直线粒子加速器为大任务整合带电粒子在电场中运动的核心知识，有助于提升物质相互作用和能量的观念。

4. 开放性学习环境

上课的物理环境是教室及相应的物理实验室，虚拟环境是视频和影像资源，人文环境是有融洽的同学间和师生间的关系。

5. 单元学习目标（见表 2.2）

表 2.2　电场单元学习目标分析

| 课标素养 | 学习目标 | 对应水平等级 |
|---|---|---|
| 物理观念 | 1. 通过演示实验，了解静电现象，能用原子结构模型和电荷守恒的知识分析静电现象，形成运动和相互作用观。 | A2 |
| | 2. 通过电荷在电场中受力，知道电场是电荷周围空间存在的一种物质，能利用电场线描述电场，加深物质观的理解。 | A3 |
| | 3. 通过学习匀强电场中电势差与电场强度的关系，在设计粒子直线加速器的过程中，能从力和能的视角描述电场，能够分析带电粒子在电场中的运动情况，解释相关的物理现象，加深对运动和相互作用及能量观的理解。 | A4 |

续表

| 课标素养 | 学习目标 | 对应水平等级 |
|---|---|---|
| 科学思维 | 4. 通过与"质点"理想物理模型的类比，建立带电体理想物理模型，体会类比的思想方法，培养学生使用理想模型解决物理问题的意识。<br>5. 通过分析库仑扭秤实验，体验对称、微小放大法和类比的思想方法。 | B2 |
| | 6. 通过静电力与万有引力类比、电势能与重力势能类比，体会物理知识的和谐与对称之美。<br>7. 通过学习电场强度、电势、电容的定义体会比值法的思想方法和重要作用。<br>8. 通过体验设计从单级到多级直流，到多级交流直线粒子加速器的过程，培养学生运用基础运动模型解决复杂问题的能力。 | B3 |
| 科学探究 | 9. 通过学习库仑定律的建立过程，体会库仑扭秤实验的设计及数据分析的巧妙之处。 | C3 |
| 科学态度与责任 | 10. 通过介绍"库仑扭秤实验"，让学生经历"库仑定律"的建立过程，感悟科学家揭示科学本质的艰辛与曲折，体会科学家解决问题的巧妙思想，认清科学本质、端正科学态度。 | D2 |
| | 11. 通过介绍"法拉第和场的概念"，让学生意识到人类对科学本质的追求是永无止境的，培养学生坚持真理、敢于质疑、勇于创新的科学态度和科学精神。 | D1 |
| | 12. 通过查阅"粒子加速器"的研究历史，体会科技进步对人类生活和社会发展的影响，认识科学与技术、社会的关系。 | D2 |

6. 单元教学过程(方案：以活动/任务为单位规划)（表2.3）

表2.3 电场单元教学过程

| 任务 | 时长 | 教学过程 |
|---|---|---|
| 任务1：研究电荷及相互作用的规律。 | 80分钟 | 子任务1：什么是静电现象？<br>问题1：由静电现象实验，提出静电是如何产生的？<br>问题2：如何描述物体所带电荷量的多少？<br>子任务2：如何定量探究电荷间的相互作用呢？<br>问题2：由教材演示实验"影响电荷间相互作用力的因素"提出静电力的大小与哪些因素有关？<br>问题3：如何定量探究电荷间相互作用力的规律？ |
| 任务2：从力和能的视角研究电场。 | 120分钟 | 子任务1：认识电场。<br>问题1：通过实验，起电机使人体带电，人的头发会竖直散开，提出电荷间的相互作用如何传递呢？<br>问题2：如何形象地描述电场呢？ |

续表

| 任务 | 时长 | 教学过程 |
|---|---|---|
|  |  | 子任务2：如何从力的角度描述电场的性质？<br>问题3：如何描述某电场的强弱？<br>问题4：能否类比定义"重力场强度"和"引力场强度"定义电场强度呢？<br>子任务3：如何从能的角度描述电场的性质？<br>问题5：电荷在电场中由静止释放，能量是如何转化的？<br>问题6：电场力做功有什么特点呢？<br>问题7：如何定义电势的概念？<br>问题8：如何定义电势差的概念？<br>子任务4：电场强度与电势差的关系。<br>问题9：描述电场力的特性物理量电场强度与能的特性物理量电势差有什么关系呢？ |
| 任务3：利用电场设计直线粒子加速器。 | 40分钟 | 子任务1：设计单级直线粒子加速器。<br>子任务2：设计多级直线粒子加速器。<br>子任务3：设计多级交流直线粒子加速器。 |

### 7. 评价建议（表2.4）

表2.4　电场单元评价设计

| 需评价的任务 | 任务评价描述 ||||
|---|---|---|---|---|
|  | 评价内容 | 评价指标 | 评价方法赋值方法 | 指向深度学习的特征及学习目标 |
| 任务1：研究电荷及相互作用的规律。 | 能用原子结构模型和电荷守恒的知识分析静电现象。 | □能说出现象，并初步做出解释。<br>□能完整说出现象，并从电荷运动及守恒的视角做出分析。 | 教师课堂观察，学生互评 | 本质与变式，对带电本质中电荷的运动深入理解。 |
|  | 观看库仑扭秤实验视频，表述实验设计过程的巧妙之处。 | □能说出库仑扭秤实验设计的物理方法和思想。<br>□能说出库仑扭秤实验中关于电荷量计算的巧妙之处。 | 学生的表述 | 联想与结构，能类比卡文迪许扭秤实验与库仑扭秤的相似之处，体会微小量放大在物理研究中的作用。 |
| 任务2：从力和能的视角研究电场。 | 通过概念性习题考查学生对电场强度定义式的理解。 | □能完成电场强度概念性习题的分析和判断。 | 学生的课堂反馈 | 本质与变式，能类比"重力场强度"和"引力场强度"，深入理解电场强度的概念。 |
|  | 设计系列问题，学习电场能的特性。 | □能基本独立完成电场力做功特点的推导过程。<br>□能从类比的视角分析电势能。 | 学生对问题的回答和概念规律的推导 | 本质与变式，能够类比重力功和重力势能的知识，深度理解电势能的概念。 |

014

续表

| 需评价的任务 | 任务评价描述 ||| 指向深度学习的特征及学习目标 |
|---|---|---|---|---|
| | 评价内容 | 评价指标 | 评价方法赋值方法 | |
| 任务3:利用电场设计直线粒子加速器。 | 在例题中能从力和能的视角描述电场,能够分析带电粒子在电场中的运动情况,解释相关的物理现象,加深对运动和相互作用及能量观的理解。 | 通过课前诊断性问题1、问题2<br>□能简单梳理章节知识,画出粒子加速器的草图。<br>□能清晰有层次地梳理章节知识,画出加速器的草图,并能写出速度的表达式。 | 学案的完成情况 | 联想与结构,能从力和能的视角深入学习场的知识,加深对场概念的理解。 |
| | | 通过例题1和例题2<br>□能运用牛顿运动定律分析例题1。<br>□能利用牛顿运动定律或功和能的关系规范写出例题1和例题2。 | 学生课堂笔记作答情况 | 本质与变式,能运用所学力、运动和能量的基本规律解决粒子的运动问题。 |
| | | 通过问题4和问题5<br>□能简单回答粒子的运动情况。<br>□能从力和能的视角分析各个过程粒子的运动情况。 | | 迁移和创造,运用所学的单级粒子加速器和直流多级粒子加速器,初步设计多级交流粒子加速器。 |

8. 反思性教学改进（选择）

9. 单元作业（选择）

10. 课时教学设计　　第6课时　设计直线粒子加速器

10.1　课时教材分析

本节内容是基于前面电场知识的一个具体应用，是培养学生整合知识，迁移并应用知识的一个重要素材。本节核心内容对发展学生的核心素养有重要的作用，见图2.3。

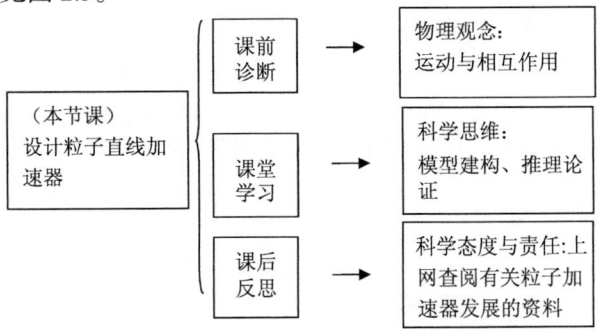

图2.3　设计直线粒子加速器课时教学分析

### 10.2 课时学情分析

在学生学习经验和知识储备方面，关于力和运动的认识在必修 1 和必修 2 中已经有了初步的理解和运用。对电场的知识多数学生在生活中关注不多，因此对于电场的物质性理解更是有难度。

学生的能力水平和兴趣方面，绝大多数学生能运用牛顿运动定律结合匀变速直线运动的规律解决直线运动的问题，但是在运用功和能的规律解决问题方面相对较弱。由于电场知识抽象，多数学生对于电场的基本概念掌握并不深入，对于概念之间的联系理解不够透彻；对物理学科与生活的结合方面有所了解，但是在理论的推理论证方面还需加强。

### 10.3 课时学习重点

从牛顿运动定律、功能关系的视角研究带电粒子在电场中的运动

### 10.4 课时学习难点

运用牛顿运动定律和能量的知识深入理解多级交流加速器中粒子的运动。

### 10.5 开放性学习环境

物理环境是教室，人文环境是小组间融洽的交流与合作氛围。

### 10.6 课时学习目标（表 2.5）

表 2.5　设计直线粒子加速器课时学习目标

| 主题学习目标 | 课时学习目标 | 对应关系说明 |
| --- | --- | --- |
| 形成运动及相互作用、能量观 | 通过设计粒子直线加速器的过程中，能从力和能的视角描述电场，能够分析带电粒子在电场中的运动情况，解释相关的物理现象，加深对运动和相互作用及能量观的理解。 | 目标 3 |
| 培养科学思维和模型建构的能力 | 通过体验设计从单级到多级直流，到多级交流直线粒子加速器的过程，培养学生运用基础运动模型解决复杂问题的能力。 | 目标 8 |
| 增强科学态度与责任 | 通过查阅"粒子加速器"的研究历史，体会科技进步对人类生活和社会发展的影响，认识科学与技术、社会的关系。 | 目标 12 |

## 10.7 课时学习过程（表 2.6）

表 2.6 设计直线粒子加速器课时学习过程

| 任务 | 教学过程描述 |
|---|---|
| 任务1：设计单级直线粒子加速器。 | 课前诊断性问题：<br>问题1：学习了第九章和第十章电场的知识，根据所学知识体系的框架，结合物理学科方法，画出这两章的思维导图（要求：确定的主题词有概括性，子主题之间要有逻辑，导图既要有知识又能体现核心方法）。<br>问题2：学习了电场力和能的特性，结合运动和相互作用的知识，你能尝试着设计一个直线粒子加速器吗（要求：画出结构简图，并推理分析如何提高粒子的速度）？<br>这样两个诊断性的问题既可以帮助学生梳理知识，也可以强化本单元的主题和大任务。让学生的思维活动得以外显，有利于提高课堂的效率。<br>课堂驱动性问题：汇总学生的设计，多数同学能够将章节知识进行梳理，并能设计简单的单级直线粒子加速器，约半数的学生能够推理出速度大小的表达式。展示部分学生作品过程中，引导学生互评，并呈现如下三个问题。<br>问题1：电场的这种力和能的性质有什么应用呢？<br>问题2：如何依据电场力和能的特性实现粒子在电场中加速呢？<br>问题3：粒子这种运动形式及解决此运动所用的物理规律与前边所学的哪个运动有相似之处呢？<br>通过上述问题，知识性的内容得以巩固，同时引出下面的例题，这样加速器在实际应用中是否可行呢？<br>例题1：单级粒子加速器<br>某些肿瘤可以用"质子疗法"进行治疗。在这种疗法中，质子先被加速到具有较高的能量，然后被引向轰击肿瘤，杀死细胞。若质子的加速长度为4.0 m，要使质子由静止被加速到 $1.0 \times 10^7$ m/s，加速匀强电场的电压应是多少？分析计算结果你发现什么问题吗？<br>意图说明：<br>1）在这个题目中学生发现加速电压高，在工作中操作要求比较高，能否有改进方案呢？引出多级直流加速器，展示学生的多级直流加速器设计方案并完成推导。<br>2）落实运用牛顿运动定律解决粒子运动的问题。 |
| 任务2：设计多级粒子加速器。 | 例题2：已知粒子质量 $m$，电荷量 $q$，板间电压 $U$，求粒子经过 $n$ 次加速后的速度。<br><br>图1 多级加速器装置图 |

续表

| 任务 | 教学过程描述 |
| --- | --- |
|  | 思考：如图1多级加速器装置在使用中有什么不足吗？如何改进呢？<br>分析：在两个电容器之间可以放置一个金属筒使得粒子屏蔽而不受边缘场效应的影响，实际设计过程中金属筒将靠近前一个电容的末极板和后一个电容的初极板，能否将筒设计成既能实现屏蔽作用，又能使得粒子进入筒和飞出筒时筒的极性改变呢？引出教材上多级交流粒子加速器。<br>意图说明：通过学习多级直流加速器，落实运用电场力的功结合动能定理解决粒子运动问题，引导学生不断完善加速器的设计。 |
| 任务3：设计多级粒子加速器。 | 例题3：如图2，某装置中，多个横截面积相同的金属圆筒依次排列，其中心轴线在同一直线上，圆筒的长度依照一定的规律依次增加。序号为奇数的圆筒和交变电源的一个极相连，序号为偶数的圆筒和该电源的另一个极相连。交变电源两极间电势差的变化规律如图所示。在 $t=0$ 时，奇数圆筒相对偶数圆筒的电势差为正值，此时位于和偶数圆筒相连的金属圆板(序号为0)中央的一个电子，在圆板和圆筒1之间的电场中由静止开始加速，沿中心轴线冲进圆筒1。为使电子运动到圆筒与圆筒之间各个间隙中都能恰好使静电力的方向跟运动方向相同而不断加速，圆筒长度的设计必须遵照一定的规律。若已知电子的质量为 $m$、电子电荷量为 $e$、电压的绝对值为 $u$，周期为 $T$，电子通过圆筒间隙的时间可以忽略不计。则金属圆筒的长度和它的序号之间有什么定量关系？第 $n$ 个金属圆筒的长度应该是多少？<br><br>图2 直线粒子加速器<br><br>分析：关于题目的物理学史背景，1924年英国物理学家提出了直线加速器的设计图样，1928年德国物理学家维德罗完成了第一台直线粒子加速器，并利用交变电场加速粒子，而在制造过程中漂移管（屏蔽筒）的长度随着粒子速度的增加而增加。这也是当时在研制粒子加速器中的一个重点和难点。本题目的难点在于粒子在筒内飞行多长时间才能实现粒子出了金属筒就能被加速，分析出粒子在筒内的时间，再根据匀速规律就可以算出筒的长度。为突破难点，结合力与运动的相关知识，设计如下问题，为思维搭设台阶。<br>问题4：根据所学力和运动的知识，以一个粒子为研究对象（如图3），分析其受力和运动情况，完成表1分析。<br><br>表1 分析粒子受力和运动<br><br>图3 一个粒子的运动分析<br><br>|  | 筒内 | 筒间 |<br>| --- | --- | --- |<br>| 受力情况 |  |  |<br>| 运动情况 |  |  | |

续表

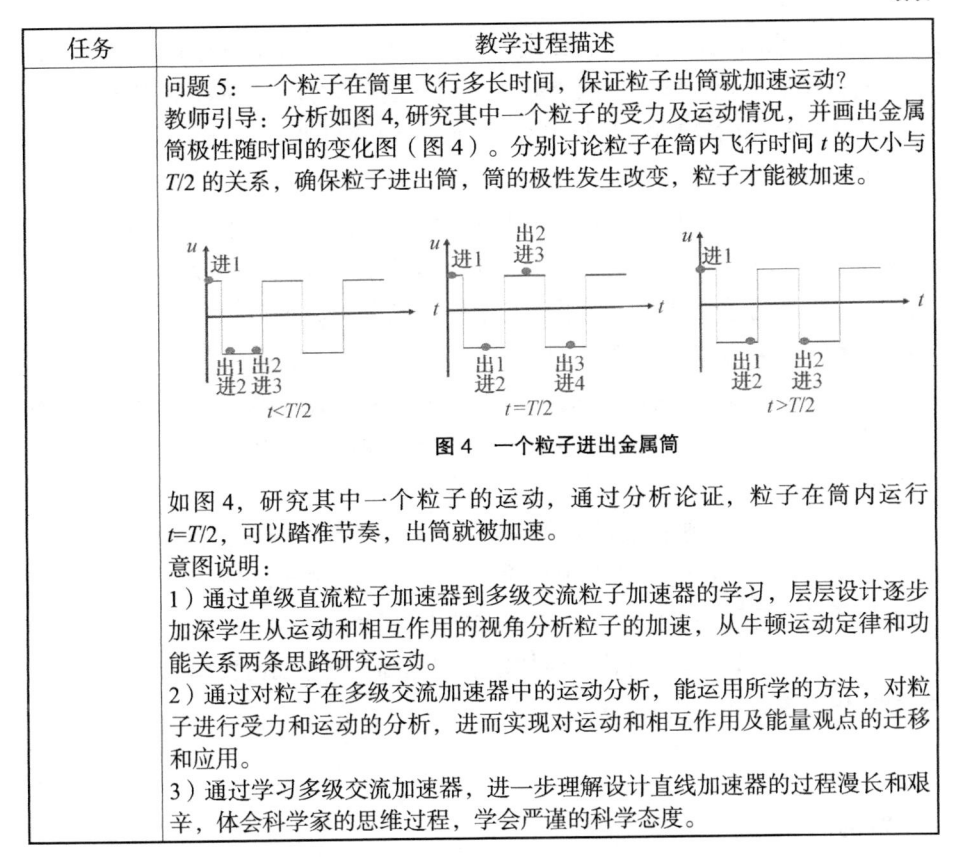

| 任务 | 教学过程描述 |
|---|---|
|  | 问题5：一个粒子在筒里飞行多长时间，保证粒子出筒就加速运动？<br>教师引导：分析如图4，研究其中一个粒子的受力及运动情况，并画出金属筒极性随时间的变化图（图4）。分别讨论粒子在筒内飞行时间 $t$ 的大小与 $T/2$ 的关系，确保粒子进出筒，筒的极性发生改变，粒子才能被加速。<br><br>图4　一个粒子进出金属筒<br><br>如图4，研究其中一个粒子的运动，通过分析论证，粒子在筒内运行 $t=T/2$，可以踏准节奏，出筒就被加速。<br>意图说明：<br>1）通过单级直流粒子加速器到多级交流粒子加速器的学习，层层设计逐步加深学生从运动和相互作用的视角分析粒子的加速，从牛顿运动定律和功能关系两条思路研究运动。<br>2）通过对粒子在多级交流加速器中的运动分析，能运用所学的方法，对粒子进行受力和运动的分析，进而实现对运动和相互作用及能量观点的迁移和应用。<br>3）通过学习多级交流加速器，进一步理解设计直线加速器的过程漫长和艰辛，体会科学家的思维过程，学会严谨的科学态度。 |

## 10.8　板书设计

带电粒子在电场中的运动

动力学　　　　　　　功能　　　　　　　　多级加速

$F=qE$　①　　　$qU=\dfrac{1}{2}mv^2$　　　$qU=\dfrac{1}{2}mv_1^2-0$　①

$a=\dfrac{F}{m}$　②　　　$v=\sqrt{\dfrac{2qU}{m}}$　　$qU=\dfrac{1}{2}mv_2^2-\dfrac{1}{2}mv_1^2$　②

$E=\dfrac{U}{d}$　③　　　力的空间积累　　　　　$\vdots$

$v^2=2ad$　④　　　　　　　　　　　　$nqU=\dfrac{1}{2}mv_n^2$

$v=\sqrt{\dfrac{2qU}{m}}$　　　　　　　　　　　$v=\sqrt{\dfrac{2nqU}{m}}$

力的瞬时性

### 10.9 课时作业

为进一步培养学生推动科技发展的责任感，形成探索科学的内在动力，本节安排拓展作业，即：上网查找并梳理我国粒子加速器的研究现状及粒子加速器之父——谢家麟的戎马一生。作业以 A3 纸小报形式上交。

### 10.10 教学反思与改进

（1）本节课分为三个层次设计直线粒子加速器，对于从第二级直流多级加速上升到第三级多级交流加速，学生没有交流电的知识储备，对于在筒内运动 1/2 周期是个难点。这里就其中一个粒子隔离进行研究符合学生的认知，有利于学生对知识的理解，同时也强化了力和运动的关系。

（2）主题从"力和运动的视角研究带电粒子在电场中的运动"，这其中分为力的瞬时性，与力的空间积累即做功。这样的分析有利于学生加深对物理观念中"运动和相互作用、能量"的理解。

（3）本节课的题目素材都来自教材，实现了对教材的挖掘和整合。

（4）本节课的交流讨论环节学生不够积极，主要还是在老师问题的驱动下的活动，后面在教学中还是要考虑学生活动的设计要深入。

（5）下一节课接着讲述直线加速器的基础，研究如何实现粒子的偏转，继续深化理解力和运动的大概念。

作者：王秀娟

## 案例二

1. 主题名称：设计制作电饭煲

2. 主题概述

2.1 核心概念：能量转化（图 2.4）

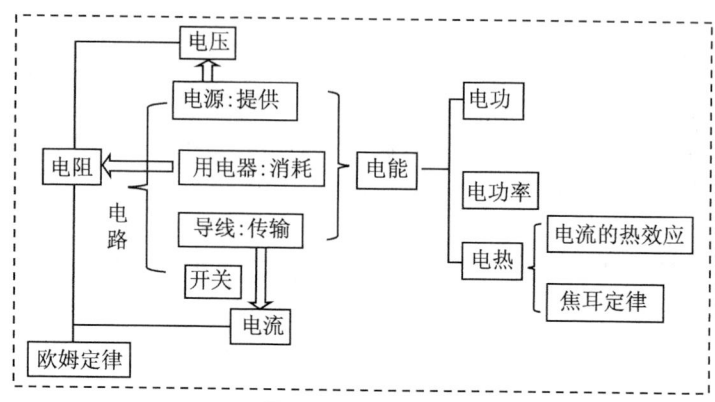

图 2.4 核心概念分析

2.2 内容结构

本主题以能量转化为核心知识，从能量转化的视角深入研究电能和内能转化过程中遵循的规律，深化学生对电流、电压、电阻及电功率等概念理解和欧姆定律、焦耳定律的掌握。

2.3 呈现方式

通过任务驱动教学，整个单元采用项目式学习，有一个核心任务：设计制作电饭煲。在这个核心任务之下又设计了五个任务，如表2.7。

表2.7 制作简易电饭煲核心任务与子任务的设计

| 核心任务 | 子任务 | 教材对应内容 |
| --- | --- | --- |
| 设计制作电饭煲。 | 任务1：探究电饭煲工作时电流与电压、电阻的关系。 | 12.1 探究电流与电压、电阻的关系 |
| | 任务2：寻找满足需要的电阻。 | 12.2 根据欧姆定律测量导体的电阻 |
| | 任务3：设计电饭煲的挡位。 | 12.3 串并联电路中的电阻关系 |
| | 任务4：探究电饭煲发热的原理。 | 13.4 电流的热效应 |
| | 任务5：设计电饭煲电路中的安全用电问题。 | 13.5-6 家庭电路、安全用电 |
| | 任务6：制作电饭煲汇报课。 | |

3. 主题学情分析

在知识方面：学习电路的基本知识，知道电流、电压和电阻的概念，知道影响电阻的因素，为学习欧姆定律打下了基础；

在学科方法方面：经历一年的物理学习，初步掌握了控制变量研究方法，有等效思想基础，经历过完整的探究过程，有利于探究电流与电压、电阻的关系和探究电热与电流、电阻的关系；

在动手操作方面：学生会正确连接基本电路图，会单独使用电流表或电压表进行测量；

学生可能会在如下几方面存在学习障碍：在一次实验中同时使用电压表和电流表以及用滑动变阻器调节电路还没有经验，在探究过程中如何应用控制变量法设计实验电路完成探究还需要老师引导，电饭煲是常见的家用电器之一，通过调查大部分学生从来没有拆装过电饭煲，不了解电饭煲的工作原理。

4. 开放性学习环境

上课的环境是在教室和实验室，网上查阅资料、购买所需的实验器材，人文环境是有融洽的师生关系和学生组成的学习小组。

5. 单元学习目标（表2.8）

表 2.8　设计制作电饭煲单元学习目标

| 课标素养 | 学习目标 | 对应水平等级 |
|---|---|---|
| 物理观念 | 1. 能正确表述、理解欧姆定律的内容，能运用欧姆定律解决实际生活中简单的电路问题。 | A3 |
| | 2. 能在实验的基础上归纳出焦耳定律，进一步形成能量转化的观念：<br>（1）能正确表述焦耳定律的内容。<br>（2）知道电饭煲是应用电流的热效应工作的，工作过程中电能转化成为内能。 | A2 |
| 科学思维 | 3. 提高分析、概括和科学推理能力<br>（1）能从探究电流与电压、电阻的关系两个实验中概括得出理解欧姆定律。<br>（2）能以探究电热与电流、电阻的关系的两个实验为基础，根据电能全部转化为内能，理论上推导得出焦耳定律。 | B2 |
| 科学探究 | 4. 能自主设计探究电流与电压、电阻的关系实验方案。<br>5. 能自主设计和完成测电阻的实验。<br>6. 能自主设计探究电热与电流、电阻的关系实验方案。 | C2 |
| 科学态度与责任 | 7. 通过设计电饭煲电路，了解家庭电路，提升安全用电的意识。<br>8. 通过设计并制作电饭煲，体会物理知识在实际生活中的应用，提升学习物理兴趣。 | D1 |

6. 单元教学过程(方案：以活动/任务为单位规划)（表 2.9）

表 2.9　设计制作电饭煲单元教学过程

| 任务序号 任务 | 时长 | 教学过程 | |
|---|---|---|---|
| | | 子任务 | 活动 |
| 任务1：电饭煲的工作中电流与电压、电阻的关系。 | 40分钟 | 1. 设计电流与电压的关系实验方案并完成探究。<br>2. 设计电流与电阻的关系实验方案并完成探究。<br>3. 收集数据、分析论证。 | 分两组进行研究实验：<br>（1）探究电流与电压的关系并收集数据。<br>（2）探究电流与电阻的关系并收集数据。<br>汇总两大组同学的实验数据，分析论证。 |
| 任务2：寻找满足需要的电阻。 | 40分钟 | 1. 有哪些方法可以找到满足制作电饭煲要求的电阻。<br>2. 如何测量定值电阻。 | （1）小组讨论。<br>（2）提供实验器材：设计实验测量未知的电阻。 |

续表

| 任务序号 | 时长 | 教学过程 | |
|---|---|---|---|
| 任务3：电饭煲的挡位设计。 | 40分钟 | 1. 设计电饭煲的两个挡位电路。<br>2. 如果没有合适的一个电阻，如何用两个电阻替代？<br>3. 探究串联电路等效电阻与各电阻之间有什么关系。 | （1）小组合作，设计电路。<br>（2）小组讨论。<br>（3）先猜想，设计实验，理论推导。 |
| 任务4：电饭煲发热的原理。 | 40分钟 | 1. 探究电饭煲发的热与电阻的关系。<br>2. 探究电饭煲发的热与电流的关系。<br>3. 理论推导焦耳定律。 | （1）设计探究电热与电阻的关系的方案。<br>（2）演示实验。<br>（3）设计探究电热与电流的关系的方案。<br>（4）演示实验。<br>（5）理论推导焦耳定律。 |
| 任务5：设计电饭煲电路中的安全用电问题。 | 40分钟 | 1. 估测人体安全电压。<br>2. 分析家庭电路安全用电的原则。<br>3. 分析电饭煲工作电路的安全问题。 | （1）小组讨论，学习万用表的使用。<br>（2）小组讨论电饭煲电路设计时应该注意哪些事项。 |
| 任务6：完成制作电饭煲的汇报。 | 80分钟 | 1. 回顾项目的历程，明确项目的任务。<br>2. 展示活动。 | （1）各组完成对制作电饭煲的汇报：电饭煲工作原理、设计的电路、制作过程遇到什么问题如何解决的、反思与评价、答辩。<br>（2）倾听、思考和回顾。 |

## 7. 评价建议（表2.10）

表2.10 设计制作电饭煲单元评价设计

| 需评价的任务 | 任务评价描述 | | | |
|---|---|---|---|---|
| | 评价内容 | 评价指标 | 评价方法赋值方法 | 指向深度学习的特征及学习目标 |
| 任务1：电饭煲的工作中电流与电压、电阻的关系。 | 1. 设计电流与电压（或电阻）的关系实验方案并完成探究。 | □能设计出电路图。<br>□能基本完成实验，测得数据。 | 根据实验过程和结果评价 | 活动与体验，评价学生在实验过程中与同伴交流合作，获得数据、合理解释的探究能力。 |

续表

| 需评价的任务 | 任务评价描述 ||||
|---|---|---|---|---|
| | 评价内容 | 评价指标 | 评价方法赋值方法 | 指向深度学习的特征及学习目标 |
| | 2. 在收集数据基础上，小组交流评估，分析论证。 | □能根据测得的数据找出规律，能分析论证。<br>□能基本说出论证过程，不流畅。<br>□不能推理论证。 | 教师提问 | 评价学生合理运用数学图像推理论证的能力。 |
| 任务2：寻找满足需要的电阻。 | 能否设计一个实验测量定值电阻。 | □能利用所给实验器材，根据欧姆定律，找出测电阻的方法——伏安法。<br>□不能独立想出办法，但是通过与同伴交流能学会测电阻的方法。 | 根据教师提问、实验过程和结果评价 | 迁移与创造，评价学生能否设计实验并能获取数据，或通过交流学会。 |
| 任务3：电饭煲发热的原理。 | 1. 能否设计探究电热与电阻（或电流）的关系方案？ | □能独立设计出电路图。<br>□能在同伴帮助下基本完成实验电路的设计。 | 课堂提问 | 活动与体验，评价学生能否设计实验和与同伴交流合作能力。 |
| | 2. 能否理论推导焦耳定律？ | □能独立完成推导。<br>□能在同伴帮助下基本完成推导。<br>□不能推理论证。 | 课堂提问 | 评价学生推理论证的能力。 |
| 任务4：设计电饭煲电路中的安全用电问题。 | 1. 提供万用表，引导学生估测人体安全电压是多少伏？ | □能根据测得的人体电阻数据，结合书上的安全电流估算人体安全电压。<br>□不能估算。 | 课堂提问 | 评价学生推理论证的能力。 |
| | 2. 设计电饭煲的安全电路。 | □能全面说出设计过程中应该注意的安全事项。<br>□不能说全。 | 课堂提问 | 迁移与创造，评价学生能否根据实际家庭电路情况，有安全用电的意识和方法。 |
| 任务5：制作电饭煲汇报。 | 小组展示电饭煲的制作过程。 | □表达流畅，能解释清楚原理，每个组员都有明确的任务分工，有制作的过程及成品且制作成功。<br>□表达不流畅,制作一般。 | 实验成品 | 活动与体验，评价学生在实际制作电饭煲过程中与同伴交流合作，购买器材，在困难面前一起想办法，反思能力。 |

## 8. 反思性教学改进

### 8.1 提高了学生的参与度

通过项目式学习，学生在学习理论知识、制作和汇报中都是以小组形式，小组内分工合作，互帮互助一起想办法，加强了互动与合作。经历真实的问题情境，综合运用所学知识计算出需要的合适的电阻，根据需要设计了两挡电路，在实际任务的驱动下学生面对未知能自觉上网或查阅资料学习，或对某一问题进行深入思考。

### 8.2 提升思维能力

小组会从整体设计上，到购买器材到具体制作过程中，体会科技就在我们身边、科学与技术的融合；汇报制作中遇到哪些困难如何解决的，培养学生分析问题解决实际问题的能力；小组间的互相评价促学生间相互学习，思考更加深入。传统的教学一问一答，学生思维链短，在汇报过程中培养学生分析问题的能力和表达能力，加长了思维链，促进深度思维。

### 8.3 不足

设计的问题不够开放，有的活动挑战性不足，价值观的参与度少。

## 9. 课时教学设计单元中第 4 课时

### 9.1 课时教材分析

本节的知识点是掌握制作电饭煲的工作原理，为实际制作电饭煲打基础，通过对电饭煲工作过程的分析理解电饭煲工作时能量的转化进一步形成物理观念，内容是以电流产生的热量的影响因素为载体的一个探究实验，不求完整的探究，只突出实验设计，练习应用控制变量法，分析如何实现对不变量的控制，如何运用转换法比较热量，培养学生分析问题的能力，在进行实验收集证据的过程中采用演示实验，培养学生观察能力，在分析论证的过程中培养学生科学推理能力。

### 9.2 课时学情分析

学生为 1+3 实验班的学生，已经经过一段时间的训练，会用小组合作的方式学习。

知识上，学习了欧姆定律、电功率的知识，经历了制作电饭煲的挡位设计，但并不能准确区分高温挡和低温挡，对电饭煲工作原理是陌生的；

方法上，经历一年多的物理学习，已经了解什么是控制变量研究方法和转换法，会分析自变量、因变量和不变量。

可能存在的困难：在设计实验探究电热与电阻或电流关系方案时，具体如何改变自变量、控制不变量不是很清楚，需要讨论、引导。根据生活经验，学生可以认识到生活中的家用电器在工作时都伴随着发热的现象,但并不了解电流产生热量的多少及其影响因素。

**9.3　课时学习重点**

探究电热与哪些因素有关。

**9.4　课时学习难点**

在演示实验得出初步结论基础上通过理论推导得出焦耳定律。

**9.5　开放性学习环境**

物理环境是实验室。

**9.6　课时学习目标（表 2.11）**

表 2.11　探究电饭煲发热原理课时学习目标

| 主题学习目标 | 课时学习目标 | 对应关系说明 |
| --- | --- | --- |
| 形成能量观 | 通过分析电饭煲的工作原理,知道电能可以转化为内能。 | 目标 2 |
| 培养科学思维 | 能以探究电热与电流、电阻的关系的两个实验为基础,依据电能全部转化为内能,理论上推导得出焦耳定律。 | 目标 3 |
| 提升科学探究能力 | 能自主设计探究电热与电流、电阻的关系实验方案。 | 目标 6 |
| 增强科学态度与责任 | 通过学习电饭煲工作原理,体会物理知识在实际生活中的应用,提升学习物理兴趣。 | 目标 8 |

**9.7　课时学习过程（表 2.12）**

表 2.12　探究电饭煲发热原理课时学习过程

| 任务 | 教学过程描述 | |
| --- | --- | --- |
| 任务 1:探究电饭煲发的热与电阻的关系。 | 活动 1:设计实验。<br>问题 1:自变量是什么?如何改变?不变量是什么?如何控制?请选择实验器材设计电路图。<br>问题 2:怎样比较电流产生热量多少?选择什么器材? | |
| 任务 2:探究电热与电流的关系。 | 活动 2:设计实验。<br>问题 3:自变量是什么?什么是不变量?如何控制?若采用并联电路可行吗?为什么?请选择实验器材设计电路图。 | |
| 任务 3:理论推导焦耳定律。 | 介绍物理学家焦耳及其贡献。<br>活动 3:理论推导焦耳定律。<br>电饭煲等产生的热量全部来自消耗的电能,电能全部转化成了热:<br>$Q=W=UIt=IRIt=I^2Rt$ | |

9.8 板书设计

电饭煲发热的原理

一、电流的热效应

二、电热与电阻的定量关系　　　　　　四、焦耳定律

实验电路图设计：

　　　　　　　　　　　　　　　　　　1. 内容：

结论：电热跟导体电阻有关

三、电热与电流的关系　　　　　　　　2. 理论推导：

实验电路图设计：



结论：电热跟经过导体电流有关


9.9 课时作业

1. 爱动脑筋的小明在探究这个问题时，设计了图中所示的实验，只连接一次电路就完成了两个实验探究，请回答下列问题：

（1）探究电热的多少与电流的关系，应该对比_____两个瓶中煤油柱上升的高度。

（2）探究电热的多少与电阻的关系，应该对比_____两个瓶中煤油柱上升的高度。

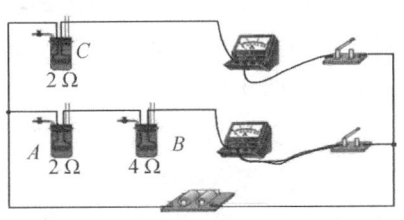

2. 某型号电饭煲有加热挡和保温挡两个挡位，其原理如图所示，若已知 $R$=2 156 Ω，

（1）则当开关置于_____（选填"1"或"2"）位置时为高温挡。

（2）若加热挡的功率为 1 100 W，电阻 $R_0$ 为多少？

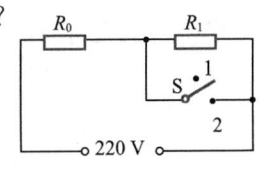

深入思考：3. 为什么电流会有热效应？怎样从微观上解释？

### 9.10　教学反思与改进

（1）本节课是制作电饭煲的理论基础，学生之前认知是不能区分加热挡和保温挡，通过课上两个主要任务的布置，激发学生的求知欲，不过出现很多错误的电路设计，通过思考讨论，逐渐寻找到最优的方案，虽然费了一些时间，但是最终是学生自己找到了，比预设的方案更多，完成了教学任务 1 和 2，由于时间限制，任务 3 主要是老师讲授，如果能让学生推导分析会比较好，可以让学生思维显性化。

（2）不足之处：没有让学生动手做实验，只是演示，如果能有更多的器材，让学生分组实验会更好。

作者：曹藏文

## 案例三

1. 主题名称：设计制作加速度测量仪
2. 主题概述

### 2.1　核心概念：力和运动

在物理学科结构上：牛顿运动定律这一章是动力学的核心内容，是对教材前三章的深入，更是后面学习的基础。本单元牛顿运动定律及其应用在高中物理教学中的地位和作用不仅延续了初中物理中对运动和力的认识，同时也为后续抛体运动、圆周运动等单元中运动和力的关系的学习打下知识的基础（图 2.5）。

在物理学发展史上：有关运动和力关系的知识，是物理学家经历了历史上长期的探索而逐渐形成的，学生像物理学家一样去经历知识形成的探索过程，可以帮助学生更深入理解物理学科。本单元是运动和力关系探索过程中的一个环节，学生的学习过程复演了历史上伽利略等科学家经历科学探究的思维过程，在培养学生科学思维和问题解决能力等方面的同时，也让学生感受到物理学科探索自然过程中的魅力。此外，通过本单元的学习，学生还可以将所学应用到日常的学习与生活中去，这也是物理学家探索知识的重要意义。

第二章 基于深度学习的单元教学案例

图 2.5 力和运动

## 2.2 内容结构（图 2.6）

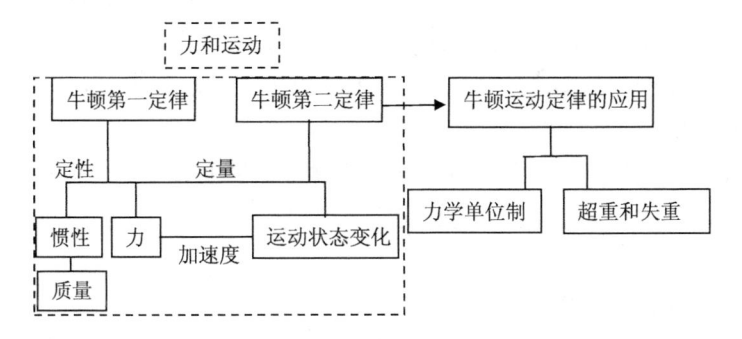

图 2.6 牛顿运动定律单元内容分析

## 2.3 呈现方式

通过情境和任务驱动教学，整个单元有一个核心任务：设计和制作加速度测量仪。在这个大的任务之下设计了子任务，如表 2.13。

表 2.13 牛顿运动定律单元任务设计

| 核心任务 | 子任务 | 对应教材内容 |
| --- | --- | --- |
| 设计加速度测量仪。 | 子任务 1：定性探究力和运动的关系。 | 第 1 节：牛顿第一定律 |
| | 子任务 2：实验探究力和运动的关系。 | 第 2 节：实验：探究加速度与力、质量的关系 |
| | 子任务 3：定量的探究力和运动的关系。 | 第 3 节：牛顿第二定律 |
| | 子任务 4：设计和制作加速度测量仪。 | 第 5 节：牛顿运动定律的应用 |
| | 子任务 5：尝试在电梯中应用加速度测量仪测量电梯运动的加速度。 | 第 6 节：超重和失重 |

## 3. 主题学情分析

在物理观念方面：初中阶段学生已经学过牛顿第一定律和惯性的定义，但很多学生仍然会认为"力是维持物体运动的原因"，还未形成"力是改变物体运动状态的原因"的物理观念。

在科学思维方面：初中阶段学生对运动和相互作用的认识是定性的，高中阶段学生要通过逻辑推理、理想实验和控制变量法等，加深对牛顿第一定律的认识，学习牛顿第二、第三定律；注重从实际的情境出发，进行模型建构，运用牛顿运动定律定量解决实际问题。这些对于高一学生来说都是很大的台阶。

在科学探究方面：学生已经做过"探究小车速度随时间变化的规律"等实验，会利用纸带计算加速度，具有初步的实验操作能力和记录、分析数据，获得结论的意识。本单元"探究加速度与力、质量的关系"实验，要求学生通过定性分析，猜想出可能的实验结论，然后设计实验方案进行验证。并能借助图像处理实验数据，分析得出结论。这些要求是比较高的，特别是在探究加速度与质量的关系时，用 $1/m$ 作为横坐标来处理数据，这对学生来说是第一次，思维跨度较大，学生较难接受。

在科学态度与责任方面：通过前面的学习，学生具有一定的物理学习兴趣，但对物理学特有的实验探究和科学思维结合的研究方法，还有待通过实践进一步加强。

4. 开放性学习环境

物理环境是教室、物理实验室和电梯间，人文环境是小组间和谐的协作和交流氛围；虚拟环境是手机 APP 资源。本教学以学生理论设计之后动手实验为策略，在制作简单加速度测量仪之后，需要有个校对环节，教学设计中利用手机 APP 中"物理工坊"中加速度传感器进行校对，激发学生关注手机中的智能功能，促进学生对信息技术的学习。

5. 单元学习目标（表2.14）

表2.14 牛顿运动定律单元学习目标分析

| 课标素养 | 学习目标 | 对应水平等级 |
| --- | --- | --- |
| 物理观念 | 1.通过牛顿第一定律的学习，理解力的定义和惯性的概念，确立正确的运动与相互作用观。 | A3 |
| 科学思维 | 2.通过学习伽利略理想实验，体会在物理研究中抓住事物本质，忽略次要因素，依据逻辑推理把实际实验进行理想化处理的思想方法。<br>3.通过设计和制作加速度测量仪的过程，能增强从实际运动中抽象基本运动模型的能力。 | B2 |

续表

| 课标素养 | 学习目标 | 对应水平等级 |
|---|---|---|
| 科学探究 | 4. 通过观察实验回答问题，逐步形成推理分析、发现问题、制定解决方案、训练思维，形成主动探究的意识，养成探究的习惯。 | C3 |
| | 5. 通过牛顿第一定律的学习，了解科学家的探究过程，体会科学探究的基本方法。 | C2 |
| | 6. 通过实验探究加速度与力、质量的关系，掌握提出问题、设计实验、收集数据、处理和分析数据等完整的实验探究过程以及控制变量的思想方法。 | C4 |
| | 7. 通过设计并使用加速度测量仪的过程，形成提出问题、设计实验，制定方案，获取和处理信息，基于证据做出解释的意识；并能对设计的结果进行评估、反思和改进。 | C4 |
| 科学态度与责任 | 8. 通过以小组为单位设计加速度测量仪并在电梯中使用测量仪测量这一完整的实践过程，培养学生主动、严谨、合作的学习态度，承担学习的责任。 | D2 |

6. 单元教学过程(方案：以活动/任务为单位规划)（表2.15）

表2.15 牛顿运动定律单元教学过程

| 任务序号 | 时长 | 教学过程 |
|---|---|---|
| 任务1：定性探究力和运动的关系。 | 40分钟 | 子任务1：阅读资料，思考力和运动的关系。<br>问题1：为什么亚里士多德的观点持续了2000多年？<br>子任务2：观察"伽利略理想实验斜面演示器"再认识力和运动的关系。<br>问题2：小球在斜面上受到的摩擦力减小，它在右端斜面上升的最大高度会怎样变化？<br>问题3：如果小球在斜面上受到的摩擦力为0，按照逻辑推理，小球在右端斜面上升的最大高度与小球在左端斜面开始的高度有何关系？<br>问题4：基于"小球在斜面上向上滚动时速度减小，向下滚动时速度增大"这一事实，讨论：如果小球在光滑的水平面上滚动（即小球不向上滚动也不向下滚动），按照逻辑推理，它的速度应该是怎样的？小球从左侧同一高度释放，逐步减小右侧斜面与水平面之间的夹角，观察小球在右侧斜面的运动。<br>问题5：继续减小右端斜面与水平面之间的夹角，小球在右端斜面上移动的最大距离有何变化趋势？你是如何理解这个结论的？<br>问题6：如果右端斜面与水平面之间的夹角为0，且小球在运动中受到的摩擦力也为0，按照逻辑推理，小球在右端斜面上移动的最大距离将会发生怎样的变化？你是如何理解这个结论的？<br>子任务3：学习牛顿第一定律。<br>问题7：观察实验，怎样描述惯性的大小呢？<br>问题8：对于力和运动的关系，你有什么新的认识吗？ |

续表

| 任务序号 | 时长 | 教学过程 |
|---|---|---|
| 任务2：实验探究力和运动的关系。 | 80分钟 | 子任务1：探究加速度与外力的关系。<br>问题：根据实验方案，实验研究小车的运动，需要测量哪些量？如何测量？<br>子任务2：探究加速度与质量的关系。<br>问题：测量获得数据，如何处理数据研究加速度与外力、质量的关系？ |
| 任务3：定量探究力和运动的关系。 | 40分钟 | 子任务1：分析实验数据。<br>子任务2：学习牛顿第二定律。<br>问题4：如何确定力的单位呢？ |
| 任务4：设计加速度测量仪。 | 40分钟 | 子任务1：展示学生课前设计的加速度测量仪。<br>问题1：对于同学的设计你有什么疑问吗？<br>问题2：本实验目的是能够实现测量某运动中（如汽车的启动、刹车，电梯的升降等）的加速度，要方便可操作，此设计可以实现吗？<br>问题3：设计方案中的数据加速度如何显示呢？<br>子任务2：依据实验器材设计制作加速度测量仪。<br>子任务3：交流展示加速度测量仪。<br>问题4：这个测量仪可否测量电梯的加速度呢？ |
| 任务5：尝试在电梯中应用加速度测量仪测量电梯运动的加速度。 | 40分钟 | 子任务1：反馈用设计制作好的加速度测量仪测量加速度的具体情况。<br>问题1：在实际测量中发现什么问题吗？<br>问题2：用手机加速度传感器测量电梯加速度的过程中，根据手机的记录的 $v$-$t$ 图像，你能分析出竖直方向的加速度情况吗？<br>子任务2：研究超重和失重。 |

## 7. 评价建议（表2.16）

表2.16 牛顿运动定律单元评价设计

| 需评价的任务 | 任务评价描述 ||| 评价方法赋值方法 | 指向深度学习的特征及学习目标 |
|---|---|---|---|---|---|
| ^ | 评价内容 | 评价指标 || ^ | ^ |
| 任务2：实验探究力和运动的关系。 | 利用实验探究加速度与力、质量的关系。 | □能以小组为单位共同按时完成探究，并规范记录数据，完成实验报告，能初步分析加速度与力、质量的关系。<br>□基本能完成实验，能从数据中基本分析出加速度与力的关系。<br>□能部分完成实验，能通过纸带算出加速度。 || 上交的实验报告，教师评价 | 活动与体验：通过小组合作共同完成实验探究的过程，对学生学习的过程和结果做出评价。 |
| 任务4：设计加速度测量仪。 | 基于所学的力和运动的理论知识设计加速度测量仪。 | □能清晰画出加速度测量仪的结构简图，理论依据严谨，设计可行。<br>□能基本设计出加速度测量仪，理论充分，可行度不够。 || 上交的课前作业 | 本质与变式：能利用牛顿第二定律的知识设计测量仪，加深对牛顿运动定律的理解。 |

续表

| 需评价的任务 | 任务评价描述 ||| 评价方法赋值方法 | 指向深度学习的特征及学习目标 |
|---|---|---|---|---|---|
| ^ | 评价内容 | 评价指标 || ^ | ^ |
| ^ | 利用所给器材能设计制作加速度测量仪。 | □能依据学案利用弹簧测力计和钩码制作简单的加速度测量仪。<br>□能写出加速度与力的关系，基本掌握加速度测量仪的原理，能进行部分量度的设计。 || 学生上交的测量仪 | 活动与体验：小组共同合作制作测量仪，交流分享，实现深度学习。 |
| 任务5：尝试在电梯中应用加速度测量仪测量电梯运动的加速度。 | 学生反馈在电梯中测量的结果。 | □能发现制作的测量仪在实际测量中的问题，并能解释其原因，能提出改进方案。<br>□能利用手机加速度传感器测量电梯的加速度，能初步分析不同时段图像的运动特性。<br>□能发现制作的测量仪在实际测量中的问题，不能提出改进建议。 || 教师提问 | 活动与体验：在交流、讨论中产生质疑和创新，进而学习关于超重和失重的知识。 |

8. 反思性教学改进（选择）

9. 单元作业（选择）

10. 课时教学设计　第 5 课时　设计制作加速度测量仪

10.1　课时教材分析

本节课是运用牛顿第二定律设计和制作加速度测量仪，是基于理论的一节实践课，是本单元的大任务。本节课具体思路如下：依据牛顿运动定律分析弹簧测力计的弹力与钩码加速度的对应关系，接下来设计并制作测量竖直加速度的测量仪。通过实践活动，加强学生对牛顿运动定律的理解。

10.2.　课时学情分析

学生学习经验和知识储备方面：本单元的前四节从理论层面学习了运动和力的关系，学生知道了牛顿运动定律的具体内容，并能在一些简单的情境中初步应用，但是对于"加速度作为力和运动的桥梁"这一点理解并不深入。

学生的能力水平和兴趣方面：依据我校学生特点，学习动机较强，但是自信心不足，比较认真，但是以复制性学习为主，提不出问题；思维容量小，思维链条短，虽然能基本完成学习任务，但是反思和总结少。基于此现状，通过学生亲历设计和制作加速度测量仪的过程，经过修正和改进进而促进学生的思考和反思，从而逐渐培养学生良好的思维品质。

学习发展路径及实施：在本节课进行之前，让学生自行完成力和运动的单元结构图，从前测中发现学生的现状：对于力和运动的关系在知识层面基本熟悉，画出的章节思维导图知识覆盖较全面，但是个别学生知识逻辑层次有混乱。

在课前布置学习任务，让学生依据初高中接触到的仪器自行设计加速度测量仪，学生设计大致分为两类，一部分依据运动学，多选用纸带。另一部分依据牛顿第二定律，但是测量表述不清晰。总结学生的问题，学生对设计测量仪中研究对象的确立不清晰，如何通过数据显示加速度有困难。结合学生前测的问题，设计系列问题促进学生之间的交流反思，实现简单加速度测量仪的设计和制作。

10.3 课时学习重点

（1）运用运动和力的知识设计和制作加速度测量仪。

（2）小组在交流研讨中不断反思改进设计的过程。

10.4 课时学习难点

（1）手机物理工坊中界面操作的物理意义。

（2）理解真实加速度传感器的原理。

10.5 开放性学习环境

物理环境是教室，人文环境是小组间的交流与合作，虚拟环境是视频资源。

10.6 课时学习目标（表 2.17）

表 2.17 设计加速度测量仪课时学习目标

| 主题学习目标 | 课时学习目标 | 对应关系说明 |
| --- | --- | --- |
| 培养科学思维和建构模型能力 | ➢ 通过设计和制作加速度测量仪的过程，能增强从实际运动中抽象理解基本运动模型的能力。 | 目标3 |
| 提升科学探究能力 | ➢ 通过观察实验回答问题，逐步形成推理分析、发现问题、制定解决方案、训练思维，形成主动探究的意识，养成探究的习惯。<br>➢ 通过设计并使用加速度测量仪的过程，形成提出问题，设计实验，制定方案，获取和处理信息，基于证据做出解释的意识；并能对设计的结果进行评估、反思和改进。 | 目标4<br><br>目标7 |
| 增强科学态度与责任 | ➢ 通过以小组为单位设计加速度测量仪并在电梯中使用测量仪测量这一完整的实践过程，培养学生主动、严谨、合作的学习态度，承担学习的责任。 | 目标8 |

## 10.7 课时学习过程（表2.18）

表2.18 设计加速度测量仪课时学习过程

| 任务 | 教学过程描述 |
| --- | --- |
| 任务1：展示学生课前设计的加速度测量仪。 | 根据学生的前测情况，选出典型设计方案汇报。<br>问题1：对于同学的设计你有什么疑问吗？<br>问题2：本实验目的是能够实现测量某运动中（如汽车的启动、刹车、电梯的升降等）的加速度，要方便可操作，此设计可以实现吗？<br>问题3：设计方案中的数据加速度如何显示呢？ |
| 任务2：依据实验器材设计制作加速度测量仪。 | 提供器材：弹簧测力计、钩码。<br>活动：教师引导学生建立模型，聚焦可行性，提供器材完成制作。 |
| 任务3：交流展示加速度测量仪。 | 组织小组展示制作好的加速度测量仪，引导学生分析能否实现测量呢？<br>问题：这个测量仪可否测量电梯的加速度呢？<br>教师讲述真正的加速度测量仪的原理及结构，并展示手机物理工坊中加速度传感器，示范给学生使用。 |

附：学案

实验目的：制作一个测量电梯中加速度的测量仪

实验原理：$a = \dfrac{F}{m}$

实验器材：弹簧测力计，钩码，白纸

设计过程：

1. 以钩码为研究对象，画出钩码受力的示意图。

当电梯运动状态改变，钩码会随之发生改变，弹力发生变化时，合力就会发生变化，相应的加速度也会随之变化，写出主干方程，分析在不同弹力时钩码所受到的合外力及加速度，填写下列表格。钩码质量 $m = 0.2$ kg。

| $F_弹$(N) | 0 | 1 | 2 | 3 | 4 | 5 |
| --- | --- | --- | --- | --- | --- | --- |
| $F_合$(N) | | | | | | |
| $a$(m/s$^2$) | | | | | | |

➢ 制作过程

依据数据制作加速度测量仪：将上述与弹力对应的加速度值标记在纸带上，做好相应刻度，标在白纸上，粘在测力计一侧，进而完成简易加速度测量仪的制作。

## 10.8　板书设计

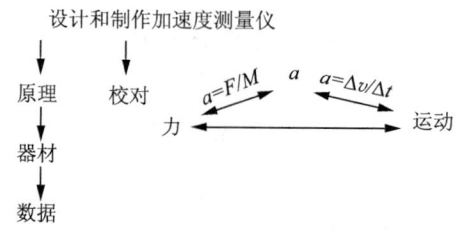

设计和制作加速度测量仪

原理　校对　　$a=F/M$　$a$　$a=\Delta v/\Delta t$
器材　　　　　　　　力 ←——→ 运动
数据

## 10.9　课时作业

利用本节课设计的加速度测量仪与手机一起测定电梯升降中的加速度，并录视频下节课基于数据分析。

## 10.10　教学反思与改进

（1）把利用弹簧测力计做的加速度测量仪放到电梯中，会存在读数困难，并且钩码相对于电梯是运动的，不能直接测量电梯的加速度，只能说钩码的加速度与电梯的加速度有关，这一点在下节课需要给学生做进一步说明。

（2）在利用弹簧测力计制作加速度测量仪的过程中，最好深入推导加速度与弹力的对应关系，引导学生理解加速度与弹力的线性关系，从理论层面帮助学生分析可以利用弹簧测力计改装成加速度测量仪的原理。

作者：王秀娟

## 案例四

1. 单元主题名称：设计制作一件乐器
2. 单元主题概述
2.1　单元核心概念：物质观、运动观、能量观（图2.7）

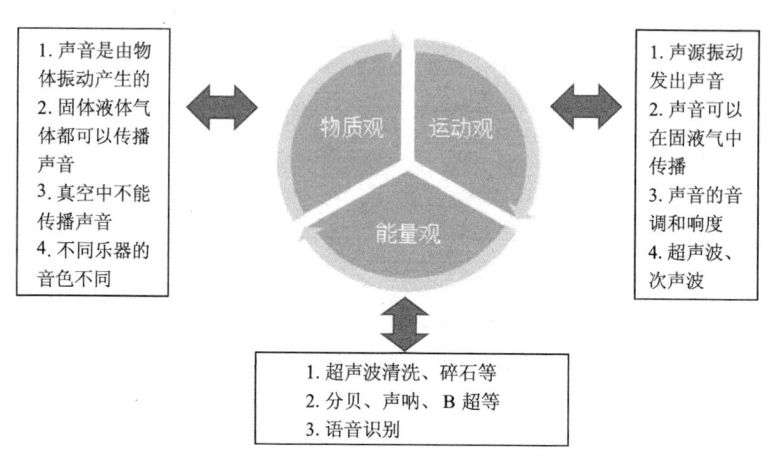

物质观：
1. 声音是由物体振动产生的
2. 固体液体气体都可以传播声音
3. 真空中不能传播声音
4. 不同乐器的音色不同

运动观：
1. 声源振动发出声音
2. 声音可以在固液气中传播
3. 声音的音调和响度
4. 超声波、次声波

能量观：
1. 超声波清洗、碎石等
2. 分贝、声呐、B超等
3. 语音识别

图2.7　核心概念框架图

## 2.2 单元内容结构说明

声现象是一种非常复杂运动，却在日常生活中是很熟悉的物理现象，通过对声现象的学习，使学生能感受到物理知识就在我们身边。本节内容从自然现象、生活现象入手，激发学生的学习兴趣，结合生活实例，让学生认识到声音产生的条件，了解声音传播需要介质，以及简单的传播规律。在探究活动中让学生知道乐音的三大特性，以及声音对人类的重要影响；还要求让学生体会乐音、噪音，知道如何减少噪音，以及如何利用超声波、次声波、声音识别为人类服务等内容，通过设计一系列的活动让学生融入社会，了解并解释生活现象。

本单元教学采用的策略是项目式单元教学。项目式单元教学是基于一定的大目标和大主题所构成的教学内容与生活经验的结合形式，按照"主题 – 任务 – 子任务 – 探究 – 分享"的方式来设计。由于设计往往需要完成一个或多个项目任务，因此这种设计方式又被称为项目式单元设计。在教学设计中将单元进行整体设计和充分融合，也要把具体项目活动给学生充分安排好，让学生有足够的时间收集材料、查找资料、调查访谈、做成PPT、汇报分享等。在整个准备过程中，学生会在提炼归纳相关资料、与陌生人的调查访谈、各种活动的体验与开展、探究任务的设计与实施、项目产品的用心制作、描述表达和交流评价等方面的能力都会得到极大提高。通过上述有计划有目的地实施活动，不仅能够增进学生对相关知识熟练掌握与深刻理解，还能使其更好地应用所学知识与方法来解决实际问题。不仅有利于培养学生的低阶识记能力，同时通过有针对性地设计项目学习活动，发展学生的高阶思维品质。在充分调查的基础上设计的单元主题是：探究声现象，利用所学的知识设计制作一件喜欢的乐器和做一些对社会和生活有意义的事。本单元主题设计理念从物理观念、科学思维、科学探究、科学态度与责任等学科育人价值出发，注重内容选择性、时代性、自主性以及跨学科综合性，侧重学生的参与意识和社会责任感。

本单元内容以声现象为核心知识，从声音的产生、传播、乐音、噪音、利用等出发，深化学生对声现象中涉及的物理概念和规律的掌握，加深学生对物质观、运动观、能量观的逐步深入理解。

## 2.3 单元主题呈现方式

本单元是以探究声现象为主题，利用所学的知识设计制作一件喜欢的乐器和做一些有意义的事为大任务统领设计学习过程。在学习过程中，设计5个要解决的问题开展单元教学，并为每一个问题设计了2~3个子任务。单元设计的流程图如表 2.19。

表 2.19 声现象单元设计流程

| 核心任务 | 子任务 | 教材对应的内容 |
| --- | --- | --- |
| 探究声现象为主题，利用所学的知识设计制作一件喜欢的乐器和做一些有意义的事。 | 子任务1：乐器发出的声音是如何产生和传播的？ | 第1节：声音的产生与传播 |
| | 子任务2：乐音有什么特性？ | 第2节：乐音 |
| | 子任务3：怎样制作一件自己喜欢的乐器？ | 第2节：乐音 |
| | 子任务4：怎样防治噪音？ | 第3节：噪音与环保 |
| | 子任务5：声音在科技中有什么用？ | 第4节：声现象在科技中的应用 |

3. 单元主题的学情分析

学生通过小学自然科学课和前面物理课的学习，以及从日常媒体中都可能了解一些有关"声现象"的知识，因此对"声现象"有一些初步的了解，具体到什么是声音，声音是如何产生和传播的，声音又是怎么被我们听到的，并不是很清楚。而初二的学生，刚学物理两个月，初步掌握了控制变量、转换法、归纳法等研究方法，对本单元学习具有积极意义。

在学习本章内容之前，学生对声音已有一定的听觉体验和感性认识，音乐课也有一定的乐理基础，但是对物理学中概念和音乐课中概念容易混淆，有一些先入为主的错误概念，再加上学生接触物理时间较短，缺乏一定的探究能力和创新能力，需要老师进行很细的引导。

初二的学生思想活跃，愿意主动参与课堂。设计尽量增加学生活动，根据调查问卷选出比较感兴趣问题，让学生自主学习和探索，并分享交流。后面设计的三节 STEAM 项目汇报课，其中制作乐器和演奏以乐团学生为主，这些学生动手能力较强、对音乐感兴趣。分享乐文化的同学能罗列乐理文化知识，可思考不够深入，但喜欢表现自己。

4. 开放性学习环境

上课的环境是在多媒体教室或实验室，虚拟环境是 PPT、视频、实验器材、调查材料等资源，人文环境是小组汇报、师生互问互答、生生互问互答，形成良好的探究氛围。

5. 单元目标分析

根据课程标准的内容要求，本单元在课标中属于一级主题运动和相互作用，二级主题声和光，在充分研究课程标准及教材，考虑到初二学生的实际学习情况。细化本单元的单元学习目标如表 2.20。

表 2.20　声现象单元教学目标

| 课标素养 | 学习目标 | 对应水平等级 |
|---|---|---|
| 物理观念 | 1.通过观察、对比发声物体和不发声物体的差异，知道发声源于振动，形成运动的物理观念。 | A1 |
| | 2.通过总结出发声物体是由振动而产生的，学生能解释自然界和生活中的一些发声现象。<br>3.通过查阅资料，学生掌握声音在不同介质中的传播速度不同。 | A2 |
| 科学思维 | 4.通过总结出发声物体是由振动而产生的，学生能解释自然界和生活中的一些发声现象。 | B1 |
| | 5.通过与声音有关的文字、图片、音频、视频资料，学生提升对超声波、次声波的认识，从而了解声现象在现代技术中的应用。<br>6.通过生活实例，学生知道声音可以发生反射。<br>7.通过一段视频聆听，学生体会各种乐器的音色不同。<br>8.通过看书和查资料，学生了解噪声的定义、来源和防治途径，增强环境保护的意识。 | B2 |
| 科学探究 | 9.通过实验、观察、对比发声物体和不发声物体的差异，学生能总结发声物体的共同特征。<br>10.通过"真空罩中的手机"实验以及气体、液体、固体传声的实例，学生能讨论得出声音传播需要介质。<br>11.通过制作"土电话"，学生理解声音的产生与传播。 | C1 |
| | 12.通过聆听、实验和查阅资料，学生知道声源振动的频率决定了声音的音调。<br>13.通过示波器演示和学生实验，学生知道声音的强弱（响度）由振幅决定。<br>14.通过观察和实际测量了解噪音的等级及其单位（分贝）。学生能增强动手能力、实践能力、处理问题能力或解决问题的能力。 | C2 |
| 科学态度与责任 | 15.通过测测你的听觉频率范围，学生能感受声音的振动频率。<br>16.通过学生自制的乐器和演奏，学生体会声音的产生、传播，以及乐音的三要素。 | D1 |
| | 17.通过同学的学习分享古代的乐器制造和发展的历史、乐文化代表作及代表人物，学生养成热爱祖国的情感，增强乐文化自信。<br>18.通过辩论，学生了解戴耳机听音乐的利弊，达到保护听力，并主动帮助聋哑人，增强对社会的责任感和道德观。<br>19.学生通过演讲、绘画阐释声音对人类社会的意义，感恩自然，形成正确的社会责任感。 | D2 |

本着从提升学生核心素养的角度出发，在进行教学实施的过程中基于"大单元，大任务"的项目式教学实践。通过系统性的基于"大单元"的项目实施，创建创新型的课堂生态，将学习探究过程充分还给学生，切实培养学生的学科核心素养。本教学设计依据教学内容和学生的学情分析选择单元主题并确

定单元目标，基于"大单元"教学设计，结合项目式学生自主学习并汇报学习过程和结果。

6. 单元教学过程

整个单元在统一大的单元主题下逐步展开，其中第一节通过丰富的学生活动让学生理解乐音产生和传播过程；第二节通过大量的实验让学生明白乐音的特性的影响因素。在同学们理解乐音的基础上，第三节以STEAM课的形式跨学科指导学生做自己喜欢的乐器，阐释听到乐音的原理并现场演奏乐曲，部分同学收集资料分享中国传统文化中的乐文化，并进行拓展交流。第四五节由教师指导学生自主收集资料、调查研究、制作PPT，汇报声音在科技中的应用以及如何防治日益严重的噪声污染，在教学中穿插了实验、调查、辩论、倡议、演讲、绘画创作等多种形式。

整体上用"大任务"统领了单元的主题，以系列"学生活动"实现"小的情境任务"，最后达成"大任务"的实现。用情境化的活动作为驱动，带动学生深度思考，完成一个一个的小任务，进而解决"大任务"，最后指向单元目标的达成。本单元部分学习过程如表2.21。

表2.21 声现象单元教学过程

| 任务序号 | 时长 | 教学过程 |
| --- | --- | --- |
| 任务1：乐器发出的声音是如何产生和传播的？ | 40分钟 | 子任务1：如何使周围的物体发声？<br>为了完成任务1，我们创设情境，设计了3个活动。<br>活动1：让学生感受大自然和乐器美妙的声音。<br>活动2：让学生手握住自己的喉咙，发出声音，说出你的感受。<br>活动3：用一张纸、一根橡皮筋、笔帽、梳子、音叉、音叉槌、一把尺子、烧杯和水……怎样使它们发出声音？自己动手做一做<br>意图说明：通过几个小实验，让学生们探究出物体是由于振动发声的，通过探究实验，培养学生的实验设计能力，体会转化的思想方法。<br>子任务2：探究声音的传播需要的条件。<br>为了完成子任务2，我们创设情境，设计了5个活动：<br>活动1：如何证明声音能在空气中传播？<br>活动2：如何证明声音能在液体中传播？<br>活动3：设计实验证明声音能否在固体中传播？<br>活动4：设计实验证明声音能否在真空中传播？<br>活动5：用一次性纸杯、棉线等制作一个"土电话"，看谁的传声效果最好。<br>意图说明：通过实验和举例让学生知道液体也可以传声；利用身边的物品进行实验，体验固体传声，拉近了物理与生活的距离，消除科学的神秘感，引导学生在学习中自觉地利用身边简单器材进行小发明、小创作。 |

续表

| 任务序号 | 时长 | 教学过程 |
|---|---|---|
| 任务2：乐音有什么特性？ | 40分钟 | 子任务1：探究声音的强弱的影响因素。<br>活动1：演示实验：用不同的力度敲鼓。<br>提问：声音有什么不同？<br>让学生具体感受声音有强弱之分。<br>活动2：追问：你觉得声音的强弱与哪些因素有关呢？引导学生猜想并说出依据。<br>活动3：任务驱动：要求学生以小组为单位利用准备的实验器材，设计方案，探究"声音的强弱与振幅的关系"，老师巡视观察实验过程。<br>活动4：实验结束要求学生以小组为单位进行汇报，老师进行总结，得出声音的强弱与振幅有关，振幅大，声音大。<br>活动5：再次提问：发声体振动的幅度一样，听到的声音就一样吗？引出声音的强弱还与距发声体的远近有关。<br>活动6：总结出响度的概念：声音的强弱是声音很重要的特征，在物理学当中，用响度来描述声音的大小与强弱。<br>意图说明：以往此环节由教师演示给学生看并直接给出定义，在这里引导学生自主设计实验去感受响度与振幅的关系，学生需要经历思考、讨论、分析、尝试在合作中发现物理现象，由被动变主动，并亲自感受到振幅的变化，从而培养学生自主探究能力。<br>子任务2：探究声音的高低的影响因素。<br>活动1：情境创设：播放学生弹奏古筝视频。<br>提问：为什么古筝的声音如此丰富？<br>追问：振动不同的琴弦，发出的声音有什么不同？<br>引导学生感知声音高低的不同，播放两段对比明显的音频，学生对音高与音低能获得具体的感受。<br>活动2：进一步提问思考：<br>可能是哪些因素影响了声音高低的变化？依据是什么？引导学生观察思考找到声音高低与振动快慢的关系。<br>活动3：任务驱动：要求学生以小组为单位利用准备的实验器材，探究"声音的高低与振动快慢的关系"，老师巡视观察实验过程。<br>活动4：实验结束要求学生以小组为单位进行汇报，老师进行总结，得出声音的高低与振动快慢有关，振动快，声音高。<br>活动5：利用手机软件呈现声音图像：引导学生对比分析，定性感知高音与低音图像的不同，引出频率的概念；教师总结，并给出音调的概念。<br>意图说明：这一环节原本也是由教师直接给学生演示并讲解，此处改为由教师引导，学生自主设计实验去感受声音高低与振动快慢的关系，学生需要再次经历思考、讨论、分析、尝试在合作中发现物理现象，让学生经历探究过程，培养学生实验设计的能力。<br>子任务3：怎样听声音辨别乐器？<br>活动1：播放录音：不同乐器弹奏同一首曲子，让学生分辨乐器。<br>提出问题：通过声的什么特性辨别出乐器的？<br>继续提问：又是哪些因素导致音色不同？<br>活动2：要求学生阅读材料，找到音色的影响因素，并总结。<br>意图说明：音色的形成原因对于初二学生很难做具体分析，需要通过具体实例让学生体会、领悟，在这里通过带领学生阅读材料，让学生对音色有更具体的认识，降低知识难度并培养学生提取信息的能力。 |

续表

| 任务序号 | 时长 | 教学过程 |
|---|---|---|
| 任务3：制作一件自己喜欢的乐器和分享中国传统文化中的乐文化。 | 40分钟 | 子任务1：制作一件自己喜欢的乐器并演奏。<br>活动1：用锅和牛皮布制作打击乐器，讲原理并演奏乐曲。<br>活动2：用不同长度的金属管制作打击乐器，讲解原理并演奏乐曲。<br>活动3：用同长度的注水玻璃杯制作打击乐器，讲解原理并演奏乐曲。<br>活动4：用废旧木料和塑料线制作ukulele，讲原理并演奏乐曲。<br>活动5：用鞋盒和橡皮筋制做吉他，讲原理并演奏乐曲。<br>子任务2：分享中国传统文化中的乐文化。<br>活动1：介绍我国古代乐器制造和发展的历史。<br>活动2：介绍我国古代音乐的代表作及代表人物。<br>活动3：介绍我国与古典音乐有关的故事。 |
| 任务4：如何防治日渐严重的噪声污染。 | 40分钟 | 子任务：调查周边噪声的主要来源；利用手机APP对周边环境噪声测量并做好记录，根据调查结果提出控制噪声的合理化建议。<br>活动1：自主查阅资料学习汇报噪音的定义、来源以及危害。<br>活动2：用实验探究防治噪音的三种途径。<br>活动3：实际调查周边噪音情况，并提出改进措施。<br>活动4：辩论戴耳机听音乐的利与弊。<br>活动5：倡导保护听力，帮助聋哑人做一件有意义的事。 |
| 任务5：声音在科技中有什么应用？ | 40分钟 | 子任务1：阅读学习、查资料做PPT，研究声音在科技中有哪些应用。<br>活动1：自主查阅资料学习汇报超声波特点及主要应用。<br>活动2：自主查阅资料学习汇报次声波特点及主要应用。<br>活动3：自主查阅资料学习汇报语音识别原理及主要应用。<br>子任务2：测测你听觉的频率范围，想想人听觉的频率范围与什么有关？<br>活动1：演讲《假如没有声音》。<br>活动2：绘画创作《假如没有声音》。 |

7. 单元主题教学评价

本单元教学评价是指向单元教学目标的达成诊断，是为了帮助教师随时了解目标的达成情况，以便及时调整改进教学，让学生的学习过程得到及时反馈与指导，最终让学习效果达到最佳。设计单元评价的思路就是明确评价目标、评价任务、评价标准，并用什么方式来评价目标的达成效果。现呈现上课时本单元的评价设计表格（表2.22）。

表 2.22　声现象单元教学评价

| 需评价的任务 | 任务评价描述 ||||
|---|---|---|---|---|
| | 评价内容 | 评价指标 | 评价方法赋值方法 | 指向深度学习的特征及学习目标 |
| 任务1：乐器发出的声音是如何产生和传播的？ | 1. 如何使周围的物体发声。<br>2. 探究声音的传播需要的条件。 | □能完成实验，并能清晰流畅表达出来。<br>□能基本完成实验。 | 根据实验过程和实验结果以及教师提问评价。 | 活动与体验，评价学生在实验过程中与同伴交流合作，合理解释的探究能力。 |
| 任务2：乐音有什么特性？ | 1. 探究声音的强弱的影响因素。<br>2. 探究声音的高低的影响因素。<br>3. 怎样听声音辨别乐器。 | □能完成实验，并能清晰流畅表达出来。<br>□能基本完成实验。 | 根据实验过程和学案记录以及提问反馈。 | 活动与体验，评价学生在实验过程中与同伴交流合作做出能简易通话的"土电话"。 |
| 任务3：怎样制作一件自己喜欢的乐器。 | 1. 设计制作、演奏乐器，讲述演奏乐器的基本原理。<br>2. 分享中华传统文化中的乐文化。 | □能制作一件较为复杂乐器作品；演奏熟练；表达分享语言清晰流畅，能吸引听众。<br>□能制作一件乐器作品；能演奏乐器；能表达分享。 | 根据乐器作品的复杂程度和听众吸引情况。 | 迁移与创造，评价学生动手与同伴合作完成一件简单的乐器，并能用自己的语言描述一件与乐文化有关的人和事。 |
| 任务4：怎样防治噪音？ | 1. 分享各种音的定义、强弱危害及防治。<br>2. 分享对自己和对社会有意义的事。 | □调查数据及活动的真实性。<br>□提出的减少噪音建议是否合理。<br>□演讲者的语言是否有感染力。 | PPT、调查、建议是否科学合理，演讲是否有感染力。 | 价值与评判，评价学生在调查过程中与同伴交流合作，获得数据的探究能力，充分表达价值观的能力。 |
| 任务5：声音在科技中有什么用？ | 1. 分享各种声波的应用。<br>2. 分享如果没有声音的演讲和绘画创作。 | □制作的PPT内容科学合理。<br>□分享的科学性及流畅程度。<br>□演讲者的语言是否有感染力。 | PPT分享的丰富程度。<br>对绘画作品描述情况。 | 联想与结构，评价学生在查资料和获取信息的整个过程中运用知识的程度，通过绘画体现声音的应用来充分表达个人情感的能力。 |

8.单元教学反思和改进

8.1 结合科技，培养学生的科学态度与责任

科学态度包括两个方面，一是对待科学的态度，二是自身具备的科学态度。科学与我们的社会生活息息相关，教师在教学过程中让学生主动了解科技的发展，关心科学技术对日常生活的影响，有助于学生树立科学态度。在单元教学过程中，教师预先让学生通过阅读教材进行自主学习，然后上网搜索关于声的利用的具体例子，制作PPT，在正式的课堂教学中进行展示交流。在搜集资料的过程中，学生会接触到大量有趣的、神奇的、意想不到的科技前沿资讯，在惊喜于科技的飞速发展和科技正在提高生活质量的同时，也逐渐增强对科学的兴趣和热爱。查找资料筛选信息的过程，学生需要秉持敢于合理质疑、善于思考的精神，敢于运用所学知识对网络信息的真伪进行辨别和求证，并在课堂交流中实事求是地展示声音在生活中应用的实例。和学生一起聚焦科技前沿，树立积极的科学态度，让学生走进社会生活，关注民生问题，感受社会责任，让物理教学变得更加有温度。学生在完成这项学习活动的过程中便会渐渐地养成严谨求实的科学态度。在学习过程中，学生逐步形成物理观念的同时，教师可以抛出一系列递进的问题来引导学生科学思维的发展，并让学生在迁移和比较物理方法的过程中逐步形成科学思维。当学生遇到不容易解决的问题时，教师可以指导学生亲自经历科学探究过程，从而获得解决问题的答案。与此同时，学生的问题解决能力也渐渐得到锻炼和提高。例如学生想测试在耳朵处减少的噪音，想知道具体减少的分贝，他们就用手机模拟接收器来测试，用隔音棉堵住话筒处，结果用APP测试仪发现几乎没有减少，实验陷入困局，他们特别想搞清楚是什么原因？学生天天围绕着老师，提出自己的意见，做出各种猜测：①可能手机壳传声了？②可能不止一个话筒？③可能声音从扬声器里进入了手机里面？④话筒与机壳上的孔有较大的空隙……学生针对各种情况做改进性实验。最后，他们把手机的下半部分全部挡住，发现噪音减小特别明显，学生的脸上才露出满意的笑容。如图2.8。

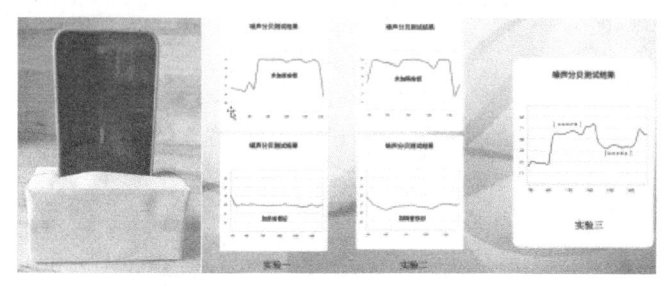

图2.8 探测防治噪音实测图

### 8.2 走进社会生活，感受社会责任

现代教育的核心素养是培养学生适应终身发展和社会发展需要必备的科学品格。在本单元的物理教学中，本人大量引导学生更多地关注物理学对生活、社会、环境、科技的积极影响，为物理教学充分融入人文关怀。例如组织学生辩论戴耳机听音乐的利与弊，让学生通过辩论明确长时间戴耳机听音乐对听力的损害，进而倡导学生保护听力，健康生活。相比于在课堂中通过教学活动来建立学生的社会责任感，学生走出课堂体验社会生活现象，一定能让学生的感受更加真切深刻。例如组织安排学生实际调查周边噪音情况，并提出改进措施。给学生布置调查任务，选某一地方进行噪声调查，判断噪声的来源，通过分贝仪等测试工具测量噪声的强度，分析该强度是否超过规定的噪声管控范围，进而提出可行的减弱噪声的措施，在课堂上进行小组汇报。很多学生选取学校、医院、居民区附近等噪声比较严重的地方进行调查，提出了很好的建议，如图2.9。通过这项调查研究活动，学生不仅对噪声的定义、来源、危害、防治有了深刻的认识，而且帮助学生走进社会，关注民生问题，对学生社会责任意识的形成有着非常积极的影响。组织学生帮助聋哑人做一件有意义的事，让学生深入到聋哑学校，感受聋哑人的不容易，从而更好地爱护自己的听力，学会感恩，学会与陌生人交流，这些都会对学生的终身发展产生重要的影响。

图 2.9　学生活动图

### 8.3 设计更多典型项目任务，提升学生核心素养

① "土电话"的制作

制作：利用棉线与一次性纸杯制作简易的"土电话"。可以对问题进行深入研究，避免做完了就结束了，而应该作比较深入探讨。例如设计的项目任务可以如下：

任务1：利用"土电话"通话时，体验说明怎样传声效果更好？

任务2：用不同材质的线，探究传声效果与线的材料的关系？

任务3：提供相同材质长度和粗细不同的线，探究传声效果与线的粗细的关系？

还可以任务 1 为例，进行深入讨论。

讨论 1：当线松弛时，传声效果较差是什么原因？

讨论 2：当细线拉直时，有同学在中间捏住细线，会有什么其他发现？

讨论 3：比较直接通话与利用"土电话"通话听到的声音有什么不同？

讨论 4：想一想上述实验方案有哪些不足？应该怎样改进？

以讨论 3 为例，很多同学会提出在两次对比实验中声源的强弱不同，解决方案可使用手机 APP 发声，保证其音量（响度）相同。在该活动中，学生理解并运用了控制变量的思想，在实践中体悟了科学研究的方法（图 2.10）。

图 2.10　声音传播的装置

②自制简易乐器并演奏乐器

任务 1：利用生活中的一些材料自制一件简易乐器。

任务 2：多位同学协作演奏一首乐曲。

任务 3：利用自制乐器，探究影响音调、响度、音色的因素。

作品评价：学生们与教师可以从外观、功能、效果、环保等多个角度对作品进行积极评价，发现作品的优点，指出不足（图 2.11）。

图 2.11　用自制的尤克里里演奏

③噪声污染情况调查项目任务

调查周边噪声的主要来源，利用手机 APP 噪声检测仪对不同地区噪声的声强级进行测量并做好记录，并根据调查结果提出控制噪声的建议（图 2.12）。

图 2.12　实测绿化带防治噪音的效果

④测测你的听觉频率范围

任务：书本上说人耳的听觉频率范围是 20～20000 Hz，果真如此吗？可以让同学给家里的亲人测一下听觉频率的范围。

检测工具：手机 APP 声波发生器（图 2.13）。

有的同学发现：不同的人，听觉范围不同。一般年龄越大，听觉范围越小。可以让他们查找原因，并养成保护听力的好习惯。还可以进行课外拓展：据说该软件有超声波驱蚊功能。即模拟蚊子天敌蝙蝠发出的超声波，以此达到驱蚊的效果。请学生课后查阅相关资料并进行实验，验证手机驱蚊是否真实有效。

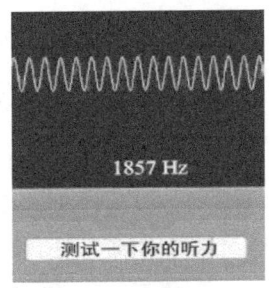

图 2.13  实测听觉的频率范围

8.4  项目单元设计有必要成为物理教师单元备课的必备环节之一，这样做能使学生在"主题－探究－表达－交流"的学习过程中，获得更加丰富的课程体验，产生浓厚学习兴趣。通过制作及使用项目产品、完成项目任务，更能锻炼学生的思考、操作、交流能力，加深学生对物理概念和规律的理解，将科学方法内化于心；教师这样做能更好地把握学科特质，拓展相应的学科能力，丰富教学手段与方法，促进自身的专业发展。


附件1：
《声现象》单元学习调查

班级：　　姓名：　　微信号：

项目任务：学习、探究声现象的科学原理，并发挥所学声知识作用，做一件有益于生活与社会的事(作品)。

说明：1.先看书查资料，进行自学。

2.下面的一、二、三项必须完成，第四项选一个或多个完成。要保存过程资料（照片），后期做详细的 PPT 进行课堂汇报（写不下可以另附纸张）。

一、调查生活中的声现象有哪些？

二、探究各种声现象背后的科学原理是什么？

三、头脑风暴，集思广益：利用声知识，你能干哪些事儿？

四、利用声知识，干一件有益于生活与社会的事（作品）。

1.利用声知识，组织一场有益于生活与社会的活动。

（1）参观聋哑学校，体验聋哑人表演千手观音舞蹈的艰辛。

设计一次论坛活动：如何保护听力？

（2）辩论会：调研各种耳机质量与传声原理，正反方辩论：用耳机听音乐的利与弊。

2. 调研某个城市地区噪声污染，设计一个比较切实可行的治理方案。

3. 利用声知识，制作一件有益于改善自己生活品质的产品。

（1）只做一件满足自己或某类需求的乐器。

（2）设计一种消声器或……

4. 如何发掘创新中国传统文化中的乐文化？

5. 利用所学知识，请为聋哑儿童做一件善事。

6. 绘画与科普写作：假如生活中没有声……

7. 调查声武器的种类、原理、使用及其战略意义，做个交流报告。

附件2：学案

"声音的产生与传播"学案

班级：　　　姓名：　　　同组人：

问题：乐器的声音是如何产生和传播的?

任务1：如何使周围的物体发声？

（1）感受我们自己是如何发出声音的？

手握住自己的喉咙，发出声音，说出你的感受。

（2）用一张纸、一根橡皮筋、笔帽、梳子、音叉、音叉槌、一把尺子、烧杯和水……怎样使它们发出声音？自己动手做一做。

方案：

探究1：发声体的共同特征。

探究2：各种乐器的发声体是什么?

探究3：发声时物体一定在振动吗？请设计实验验证你的猜想。

任务2：探究声音的传播需要的条件。

探究1：声音能否在空气中传播？如何证明？

探究2：声音能否在液体中传播？如何证明？

探究3：声音能否在固体中传播？如何证明？请设计实验。

探究4：声音能否在真空中传播？请设计实验证明。

"声音的特性"学案

任务1：探究声音的强弱与振幅的关系

（1）实验器材：_____

（2）现象：

| 振动幅度 | | | |
|---|---|---|---|
| 声音大小 | | | |

结论：_____

任务2：探究声音的高低与振动快慢的关系

（1）思考：怎样改变钢尺/橡皮筋振动快慢？

（2）现象：

| 振动快慢 | | | |
|---|---|---|---|
| 声音高低 | | | |

结论：_____

任务3：阅读以下小资料，回答音色与什么有关？

音色（Timbre）是指不同声音表现在波形方面总是有与众不同的特性，不同的物体振动都有不同的特点。不同的发声体由于其材料、结构不同，则发出声音的音色也不同。例如钢琴、小提琴和人发出的声音不一样，每一个人发出的声音也不一样。音色是声音的特点，和全世界人们的相貌一样总是与众不同。根据不同的音色，即使在同一音高和同一声音强度的情况下，我们也能区分出是不同乐器或人发出的。如同千变万化的调色盘调出的颜色一样，"音色"也会千变万化。音色又称为音品。为什么音色不同？是由于不同的振动总是可组合成为不同的声音。每一种乐器、不同的人的声带，以及其他所有能振动的物体都能够发出各有特色的不同的声音，这些声音还可以有仪器显示出波形。声音除了有一个"基音"外，还自然而然加上许多不同"频率"（振动的物体1秒钟振动的次数）与泛音"交织"，就决定了不同的音色，使人听了以后能辨别出是不同的声音。如同区分不同的"身份证"一样。例如你听见某一个人的讲话声或者唱歌声音就可判断是哪一个人。世界上每一个人即使念相同的一个字"呵"也有不同的音色。

小结：音色与 _____ 、_____ 、_____ 有关。

作者：吕旭其

## 第二节 以"大思路"整合的单元教学设计

"大思路",即适用范围广泛、更容易在不同情境或者主题下迁移的一般化解决问题的思路。这里的大思路与物理学科核心素养中强调的从物理学视角认识客观事物的认识方式——科学思维和科学探究相对应。大思路的形成依然以知识为载体,是指在单元教学设计中规划设计学生如何通过学习具体的概念、规律等知识并用这些知识解决问题的过程中,逐步形成具有整合性、可迁移的问题解决思路。

### 案例一

1. 主题名称:从宏观和微观的视角研究分子的热运动
2. 主题概述
   2.1 核心概念:宏观和微观 运动和能量(图 2.14)

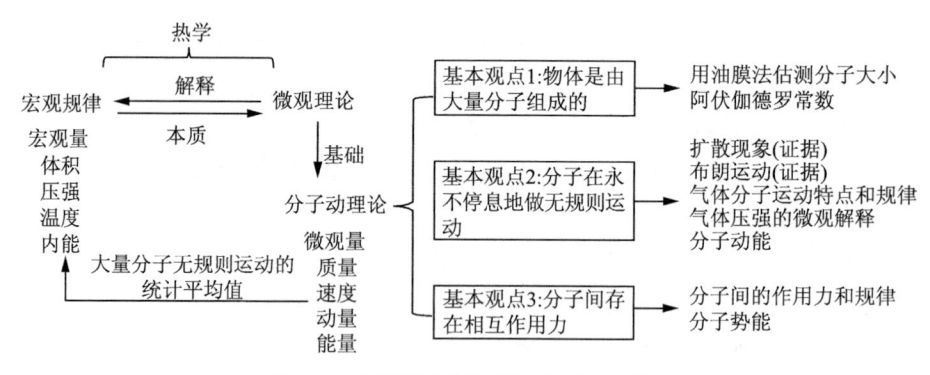

图 2.14 分子热运动单元核心概念框架图

2.2 内容结构:热学研究的内容包括两个方面,一方面是关于热现象的宏观理论,它研究热现象的一般规律;另一方面是关于热现象的微观理论,从分子运动的角度研究宏观热现象的规律。分子动理论是热现象微观理论的基础。本主题以分子动理论为核心知识,从宏观现象和微观理论的视角研究分子热运动,包括分子的大小、分子热运动的证据、速率分布规律、分子动能、分子间的相互作用和分子势能,以及运用微观理论对宏观压强、温度、内能等物理量进行解释。对本主题的学习促进学生从宏观和微观两个角度形成对物质的认识,建立宏观量和微观量统计平均值的关系。从运动与相互作用和能量的角度对分子热运动进行研究和分析,加强学生物理模型建构的能力,体验用测量宏观量的方法测得微观量的实验过程,使学生深刻体会科学探究的诸要素，尤其是证据意识，从而提高学生的科学探究能力。

### 2.3 呈现方式

学生在初中了解了分子动理论的三个基本观点和一些简单的实例证据。高中更加注重从定性到定量、从现象到本质、从宏观到微观的学习，同时重视学生学习物理学重要的实验方法和思想。本单元的设计希望在充分了解、调查学生的前概念的基础上挖掘学生进一步想研究的内容，实施基于学生需求的教学，进而提高课堂的效率和效果（表2.23）。

表2.23 从宏观和微观的视角研究分子的热运动单元任务设计

| 核心任务 | 子任务 | 教材对应内容 |
| --- | --- | --- |
| 基于初中对物质结构基本图像的三个基本观点的学习，你认为在高中还可以进一步研究哪些内容？ | 任务1：分子动理论的基本观点和实验证据有哪些？ | 第1节：分子动理论的基本内容 |
| | 任务2：分子的大小如何测量？ | 第2节：实验：用油膜法估测油酸分子的大小 |
| | 任务3：分子运动速率快慢的影响因素？ | 第3节：分子运动速率分布规律 |
| | 任务4：由于分子运动和分子间的相互作用力而具有的能量是怎样的？ | 第4节：分子动能和分子势能 |

### 3. 主题学情分析

在知识方面：学生在初中物理学习的过程中了解了分子动理论的三个基本观点和一些简单的实例证据。比如了解物质是由大量分子组成的，并知道一滴露珠中含有的水分子的个数。了解了生活中的一些扩散现象，知道分子在不停息地无规则运动，无规则运动的快慢与温度有关。通过一些生活中的例子知道分子之间存在着引力和斥力。了解物体的内能包括所有分子的动能与分子势能的总和。这些内容为高中的进一步学习奠定了基础，可以利用课前测或者在课堂上挖掘学生已有的学习基础。

在科学方法和思维方面：学生有一定的基于简单的生活实例或者实验现象总结物理规律的思维能力，具备一定的证据意识。

学生可能会在如下几方面存在学习障碍：基于生活实例和实验现象做进一步更深入的定性和定量的研究，运用微观的理论知识解释宏观的物理现象，建构分子模型，寻找用测量宏观物理量的方法测量微观量的物理方法，运用动量定理对气体压强进行微观解释，分子力和分子势能随分子间距变化的规律。

4. 开放性学习环境

上课的环境是在教室和实验室，虚拟环境是视频影像等资源，人文环境是有融洽的师生关系和学生组成的学习小组。

5. 单元学习目标（表2.24）

表2.24 从宏观和微观的视角研究分子热运动单元学习目标

| 课标素养 | 学习目标 | 对应水平等级 |
| --- | --- | --- |
| 物理观念 | 1. 通过生活经验和已有知识，能列举分子动理论的三个基本观点的实例证据。 | A2 |
| | 2. 通过实验测量和计算，知道分子直径的数量级。能从宏观和微观两个角度形成对物质的认识。 | A2 |
| | 3. 通过分子动能和分子势能的学习，知道物体的内能与温度和体积有关，能区别内能和机械能。 | A3 |
| 科学思维 | 4. 通过实验和分析、逻辑推理的过程，知道分子间存在间隙，知道扩散现象与布朗运动，理解布朗运动的成因。 | B3 |
| | 5. 通过实验设计方案讨论，能够建构分子的球形模型，知道油膜法测分子大小的原理，并能进行测量和计算。知道科学研究中的一种方法：利用宏观量求微观量。 | B4 |
| | 6. 通过分析分子间的作用力跟分子间距离的关系，知道分子力在不同分子间距的情况下的表现形式。 | B3 |
| | 7. 通过分析氧分子速率分布数据和图像，理解温度的微观意义。 | B3 |
| | 8. 通过气体分子撞击器壁的理论分析和模拟气体压强的演示实验的观察和思考，能用气体分子动理论解释气体压强的微观意义，知道气体的压强与所对应的微观物理量之间的联系。 | B4 |
| | 9. 通过类比的方法知道分子势能，能根据分子力与分子间距的图像分析分子势能随分子间距变化的图像。 | B3 |
| 科学探究 | 10. 经历用油膜法估测分子大小的实验过程，能制定实验方案或者评价实验方案，能选用合适的器材获得数据，能分析数据、形成结论，能对实验过程和结果进行交流和反思。 | C4 |
| | 11. 通过实验探究认识影响扩散快慢的因素是温度，初步认识温度越高，液体分子杂乱无章运动越剧烈。 | C2 |
| 科学态度与责任 | 12. 初步认识到微观世界是可以认识的，人类探究微观世界经历了漫长的过程，而且意识到这种探究还将持续下去。 | D2 |

6. 单元教学过程（方案：以活动/任务为单位规划）（表2.25）

表2.25　从宏观和微观的视角研究分子的热运动单元教学过程

| 任务序号 | 时长 | 教学过程 |
| --- | --- | --- |
| 任务1：分子动理论的基本观点和实验证据有哪些？ | 80分钟 | 子任务1：物体是由大量分子组成的。<br>活动1：列举物体是由大量分子组成的证据。<br>问题1：初中我们学习了物质结构的基本图像，知道物质是由大量分子组成的。同学们能不能列举出证明此观点的证据呢？<br>活动2：观察扫描隧道显微镜拍摄原子的照片。<br>子任务2：列举分子在永不停息的无规则运动的实验证据和生活实例。<br>问题2：同学们能不能列举一些证明分子在做永不停息的无规则运动的实验和生活实例？<br>问题3：如何证明扩散现象不是外界作用引起的，而是物质分子的无规则运动产生的？<br>问题4：分子热运动的剧烈程度与什么有关？如何证明？<br>子任务3：演示布朗运动并分析其现象的原因。<br>活动3：教师演示布朗运动实验，用软件追踪经过多个时间间隔的小炭粒所在的位置。<br>问题5：同学们看到的这些连线的轨迹是什么？是不是小炭粒的实际运动轨迹？根据这些连线的特点，我们可以得到什么结论？<br>活动4：改变悬浊液的温度，重复上述操作，观察悬浊液中小炭粒的运动情况。<br>问题6：我们能得到什么实验结论？<br>问题7：思考为什么花粉和小炭粒的运动是无规则的？为什么微粒越小，它的无规则运动越明显？<br>子任务4：分子间的作用力。<br>活动5：演示水和酒精的混合实验。<br>问题8：列举分子间存在相互作用力的证据。<br>活动6：分析分子力随分子间距的变化曲线。 |
| 任务2：分子的大小如何测量？ | 80分钟 | 子任务1：确定测量分子大小的实验思路。<br>活动1：物态包括固体、液体和气体，请你想办法设计一个测量分子大小的实验（选择其中一种物态）。请写出具体的实验器材和步骤。谈谈实验设计中你遇到的困难。<br>活动2：我们实验方案中遇到的困难主要是因为分子微小。同学们每个实验桌上都有一堆小米，思考如何测量出一粒小米的直径？<br>子任务2：确定实验中物理量的测量方法。<br>问题1：讨论如何测量一小滴油酸酒精溶液中油酸的体积？<br>问题2：讨论如何测量油膜的面积？<br>子任务3：数据分析。<br>活动3：教师展示各小组实验数据，得出分子直径的数量级（课堂上计算比较有困难小组可以利用Excel表格处理数据，得出分子直径的数量级）。<br>活动4：请思考在实验过程中哪些操作会带来实验误差？ |

续表

| 任务序号 | 时长 | 教学过程 |
|---|---|---|
| 任务3：分子运动速率快慢的影响因素？ | 40分钟 | 子任务1：学习随机事件与统计规律。<br>活动1：教师课堂演示伽尔顿板实验，学生观察现象并思考问题。<br>子任务2：气体分子运动的特点。<br>活动2：阅读教材思考问题：为什么气体的体积等于容器的容积？在任一时刻，向各个方向运动的气体分子数有什么特点？<br>子任务3：分子运动速率分布图像。<br>活动3：阅读教材思考问题：图中氧气分子速率分布是否存在统计规律？0℃和100℃氧气分子速率分布有什么相同的统计规律？0℃和100℃氧气分子速率分布图像有什么不同？你认为氧气分子的速率分布满足怎样的规律？能否用图像形象表示？温度高的气体分子的速率一定比温度低的气体分子的速率大吗？温度升高每个分子运动都变剧烈了吗？如何定性地解释"温度越高，分子的热运动越剧烈"的含义呢？<br>子任务4：气体压强的微观解释。<br>活动4：运用动量定理和牛顿运动定律推导分子与器壁间的作用力。<br>活动5：教师演示模拟气体压强的实验，引导总结气体压强的微观意义。 |
| 任务4：由于分子运动和分子间相互作用力而具有的能量是怎样的？ | 40分钟 | 子任务1：探究分子动能。<br>问题1：根据分子动理论的内容，你来分析分子可能具有哪些能量呢？<br>子任务2：探究分子势能。<br>问题2：地面附近的物体所受的重力$G$，由于重力做功具有跟路径无关的特点，所以存在重力势能，重力势能由地球和物体的相对位置决定。分子间也存在相互作用力，那么，分子间是否存在势能呢？如果存在，有什么特点呢？<br>问题3：根据功的概念，分析两个分子间分子力的功及分子势能随着分子间距离是如何变化呢？<br>子任务3：学习物体的内能。<br>活动：给出物体内能的定义。<br>问题4：能否对比物体的机械能与物体的内能之间有什么区别和联系呢？ |

## 7. 评价建议（表2.26）

表2.26 从宏观和微观的视角研究分子的热运动评价建议

| 需评价的任务 | 任务评价描述 ||||
|---|---|---|---|---|
| | 评价内容 | 评价指标 | 评价方法赋值方法 | 指向深度学习的特征及学习目标 |
| 任务1：分子动理论的基本观点和实验证据有哪些？ | 能够列举证据证明分子动理论的三个观点。 | □能列举多个证据。<br>□能列举出一个证据。<br>□不能列举出证据。 | 课前测或者课堂提问 | 联想与结构，评价学生是否具备寻找支持观点的证据意识。 |

续表

| 需评价的任务 | 任务评价描述 ||||
|---|---|---|---|---|
| | 评价内容 | 评价指标 | 评价方法赋值方法 | 指向深度学习的特征及学习目标 |
| | 观察并解释布朗运动。 | □能运用所学知识合理解释布朗运动的现象。<br>□能运用所学知识解释布朗运动的一部分现象。<br>□不能运用所学知识解释布朗运动的现象。 | 实验现象的记录和现象的解释 | 联想与结构，评价学生运用所学知识解释实验现象的能力。 |
| 任务2：分子的大小如何测量？ | 设计测量分子大小的实验方案并进行操作。 | □能合理设计实验方案并顺利完成实验。<br>□能设计方案，但是存在实验困难。<br>□不能设计方案。 | 实验报告 | 活动与体验，评价学生能否设计一个测量分子大小的实验方案，并能获得数据，通过交流和推理，得出结论。 |
| 任务3：分子运动速率快慢的影响因素？ | 通过氧分子速率分布数据和图像分析得出温度与平均动能间的关系。 | □能顺利分析数据和图像，并得到相应结论。<br>□能够分析数据和图像，得到部分结论。<br>□不能通过数据和图像的分析得到相应结论。 | 课堂提问 | 联想与结构，评价学生对数据和图像的分析能力。 |
| 任务4：由于分子运动和分子间相互作用力而具有的能量是怎样的？ | 通过分子力与分子距离的关系图像和分子力做功的情况得到分子势能的变化情况。 | □能通过分子力与分子距离的关系图像和分子力做功的情况得到分子势能的变化情况。<br>□不能准确分析分子力随分子距离变化的图像，不能得到分子势能的变化情况。 | 课堂提问 | 迁移与创造，评价学生运用已学知识得到新知识的能力。 |

8. 反思性教学改进（选择）

9. 单元作业（选择）

10. 课时教学设计　　　单元中第 3 课时

10.1　课时教材分析

油膜法测量油酸分子直径的实验是高中阶段运用宏观量测量微观量的典型实验。本节课在学生自主设计实验思路，建构单分子油膜的模型，讨论物理量的测量的基础上确定实验方案。根据学生的测量数据得到油酸分子的直径。油膜法估测分子大小的实验方法有利于培养学生的模型建构意识；有利于深化学生对分子大小的认识，提高实验技能。

10.2　课时学情分析

学生对分子的"微小"和"大量"有了一定的认识，但是由于分子的这两个特点，导致学生设计本节课的实验方案存在较大的困难。如何建构单分子油膜的模型，如何利用宏观量的测量来推算出微观量的大小是学生学习的难点。

10.3　课时学习重点

单分子油膜模型的建构，体会利用宏观量的测量推算微观量的大小的方法。知道分子大小的数量级。

10.4　课时学习难点

实验方案设计和实验原理的理解。实验操作过程。

10.5　开放性学习环境

物理环境是实验室。

10.6　课时学习目标（表 2.27）

表 2.27　从宏观和微观的视角研究分子的热运动课时学习目标

| 主题学习目标 | 课时学习目标 | 对应关系说明 |
| --- | --- | --- |
| 形成物质观 | 通过实验测量，知道分子直径的数量级。<br>能从宏观和微观两个角度形成对物质的认识。 | 目标 2 |
| 培养科学思维和建构模型能力 | 知道油膜法测分子大小的原理，并能进行测量和计算。体会科学研究中的一种方法：利用宏观量求微观量。<br>能够建构分子的球形模型。 | 目标 5 |
| 提升科学探究能力 | 经历用油膜法估测分子大小的实验过程，能制定实验方案或者评价实验方案，能选用合适的器材获得数据，能分析数据，形成结论；能对实验过程和结果进行交流和反思。 | 目标 10 |
| 增强科学态度与责任 | 初步认识到微观世界是可以认识的，人类探究微观世界经历了漫长的过程，而且意识到这种探究还将持续下去。 | 目标 12 |

## 10.7 课时学习过程（表2.28）

表2.28 从宏观和微观的视角研究分子的热运动课时学习过程

| 任务 | 教学过程描述（按照任务或者活动的基本环节描述） |
|---|---|
| 任务1：确定测量分子大小的实验思路。 | 活动1：物态包括固体、液体和气体，请你想办法设计一个测量分子大小的实验（选择其中一种物态）。请写出具体的实验器材和步骤。谈谈实验设计中你遇到的困难。<br>问题1：分子的形态各不相同，如何构建分子模型？<br><br>分子的球形和立方体模型<br>固体、液体 → 小球模型<br>气体 → 立方体模型<br><br>问题2：同学们提出的实验的主要困难：<br>（1）分子体积过小，无法被观测到，如何确定分子数目？<br>（2）如何形成单分子的膜？<br><br>活动2：我们实验方案中遇到的困难主要是因为分子微小。同学们，每个实验桌上都有一堆小米，思考如何测量出一粒小米的直径？<br><br>测量小米直径的实验方案<br>量筒 测体积V → 平铺 俯视图 → 剖面图 测平铺面积S　　$d=\dfrac{V}{S}$<br><br>活动3：给出油酸分子的特性，请修正实验方案，将实验步骤填写在学案中。 |
| 任务2：确定实验中物理量的测量方法。 | 问题1：讨论如何测量一小滴油酸酒精溶液中油酸的体积？<br><br>如何获得单分子油膜？<br>浓度低：配置一定浓度的油酸酒精（油酸体积:溶液总体积=1:200）<br>取一小滴：累积法：取1 ml（注射器）溶液滴入玻璃杯，记录总滴数<br><br>1滴纯油酸的体积V = $\dfrac{一定适量的混合溶液体积(1\,\text{ml})}{总滴数N}$ × 混合溶液浓度(1/200) |

057

续表

| 任务 | 教学过程描述（按照任务或者活动的基本环节描述） |
|---|---|
|  | 问题2：讨论如何测量油膜的面积？<br><br>如何测量油膜的面积？<br>如何能够看到油膜？<br><br>向水面均匀撒入薄薄的痱子粉<br>向水面滴入1滴混合溶液<br>推开痱子粉，待液面稳定<br><br>估测油膜推开痱子粉的面积 S → 格数×每小格的面积(1cm²)  互补法<br><br>活动4：请按实验方案规范操作，小组合作完成实验。将实验数据记录在学案上，详细注明数据的物理量名称。通过数据估算油酸分子的直径。<br><br>| 实验次数 | 1 ml 混合溶液的滴数（滴）| 一滴混合溶液的体积（ml）| 一滴混合溶液中油酸的体积(ml) | 正方形的格数（个）| 油膜的面积（m²）| 油酸分子直径（m）|<br>\|---\|---\|---\|---\|---\|---\|---\|<br>\| 1 \| \| \| \| \| \| \| |
| 任务3：数据分析。 | 活动5：教师展示各小组实验数据，得出分子直径的数量级（课堂上计算比较有困难的小组可以利用Excel表格处理数据，得出分子直径的数量级）。<br>活动6：请思考在实验过程中哪些操作会带来实验误差？ |

## 10.8  板书设计

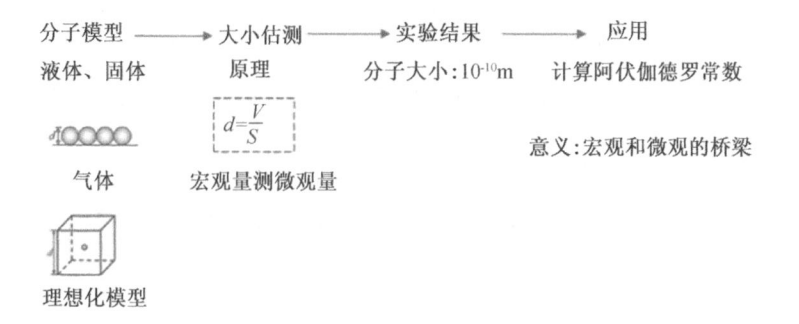

分子模型 ⟶ 大小估测 ⟶ 实验结果 ⟶ 应用

液体、固体　　　原理　　　　分子大小：$10^{-10}$m　　计算阿伏伽德罗常数

　　　　　　　$d=\dfrac{V}{S}$

气体　　　宏观量测微观量　　　　　　意义：宏观和微观的桥梁

理想化模型

## 10.9  课时作业

以水分子为例，知道了分子的大小，不难估算阿伏伽德罗常数。

（1）已知每个水分子的直径是 $4\times10^{-10}$ m，每个水分子的体积约为多少？

（2）我们还知道水的摩尔体积是 $1.8\times10^{-5}$ m³/mol，如果水分子是一个挨一个排列，那么 1 mol 水所含的水分子数是多少？

10.10　教学反思与改进

（1）基于学前诊断的教学，关注初高中的连接和进阶。

分子动理论的基本观点和实验证据对于初中学生已经有了初步的了解，而高中更注重从定性到定量，从现象到本质，从宏观到微观的学习。因此，在本单元的教学中要关注两点。第一，不重复初中的实验证据，而利用课前诊断勾起学生对这些实验证据的回忆，由此提出更进一步想探究的内容，引发学生学习的兴趣。第二，要突出高中的进阶，透过热学现象，探究现象的本质和微观的解释。让学生经历提出问题和需求 – 实验方案设计（或模型的建构）、评价和修正 – 交流、评估、反思 – 微观解释的过程。

（2）实验教学要注重开放性和探究性，培养学生创新思维能力。

本单元中的用油膜法测量分子直径的实验是早期测定分子大小的方法，是高中阶段学生第一次利用宏观量的测定求出微观量大小的实验。由于实验方法比较特殊，并且此实验是利用油膜法测量液体分子的直径，学生自主进行实验方案的设计会存在比较大的困难。在以往的教学中教师容易直接给出油酸分子的特性，甚至于将油膜法直接告诉学生，将教学的重点放在物理量的测量上。而单分子油膜模型的建立过程恰恰是本节课的重点，要重视学生思维的开放性和探究性。因此，本节课没有将方案的设计局限在测量液体分子上，同时也没有直接将实验方法告诉学生。而是通过课前诊断充分打开学生思路，从固体、液体、气体三种物态中选择一种来进行实验方案的设计，重视学生的创新思维，在方案的设计和互相评价可行性的过程中让学生体会分子的微小和大量，感悟到分子的不可数，而后利用测量小米的实验引导学生建立单分子膜的模型，进而引导学生进行实验方案的修正。这样的设计符合学生的思维特点和规律，同时学生在面对困难、解决困难的过程中真正理解实验方法和原理。

作者：王丹

## 案例二

1. 主题名称：用"图像语言"描述和研究电容器

2. 主题概述

2.1　核心概念：电容器和电容　图像（图 2.15）

2.2　内容结构

电容器是一种重要的电学元件，有着广泛的应用。尤其是近几年对超级电容器的研究，使电容器成为一种快充、绿色环保、储能高的储电装置，受

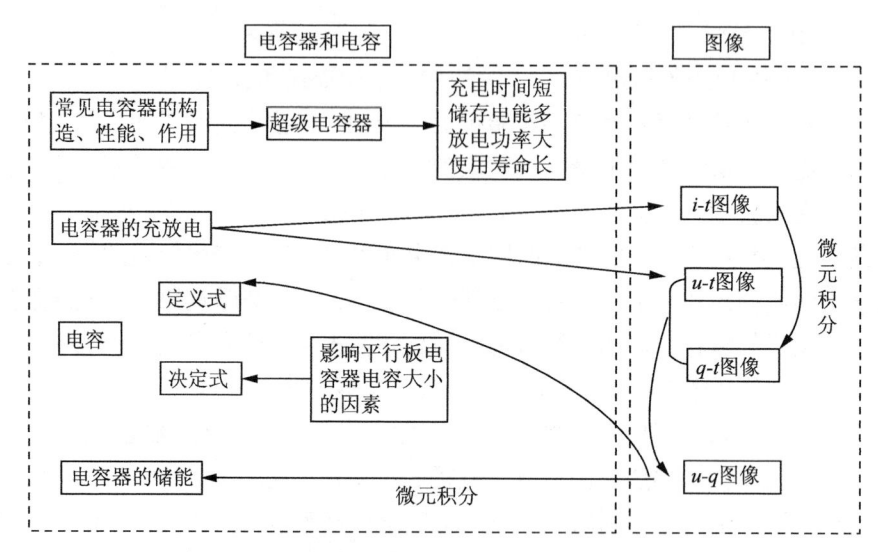

图 2.15 用"图像语言"描述和研究电容器单元核心概念

到人们的广泛关注。本单元的设计思路是希望通过"探究超级电容公交车充电快和储能高的特性"这样一个具有挑战性的学习主题，用"图像语言"对电容器进行描述和研究，包括电容概念的建立、电容器的充放电现象和电容器的储能问题，学生在学习的过程中通过驱动性的学习任务，全身心积极参与、体验成功，获得发展，同时体会控制变量、类比、微积分等科学思想和方法。

### 2.3 呈现方式

近几年随着电容器热度的增高，在高考中涉及电容器内容的题目也是越来越多，难度也是逐步加深。主要涉及电容概念的理解、含有电容器的电路的动态分析、电容器的充放电实验、电容器储存能量的推导等内容。本单元将高二年级《电容器的电容》的新课教学和高三专题复习的《研究电容器的充放电》和《研究电容器的储能》两节内容作为一个单元，通过任务驱动的方式进行教学（表 2.29）。

表 2.29 用"图像语言"描述和研究电容器单元任务设计

| 核心任务 | 子任务 | 教材对应内容 |
| --- | --- | --- |
| 探究超级电容公交车充电快储能高的特性？ | 任务 1：什么是电容器和电容？如何改变电容器储电能力的大小？ | 必修 3 第十章第 4 节 电容器的电容 |
| | 任务 2：如何实现电容器快充电、慢放电？ | 高三复习课 |
| | 任务 3：如何提高电容器的存储能量？ | 高三复习课 |

3. 主题学情分析

在知识方面：学生已经学习了分析电容问题涉及的电势差、电场强度、电荷量等物理量，有一定的知识基础。会从电场力和电势能两个角度描述静电场。

在学科方法方面：有使用图像语言描述物理过程的经验，例如利用 $v$-$t$ 图像、$s$-$t$ 图像描述物体的运动，具备一定的微积分思想。

在科学思维方面：具备一定的类比思想，为图像的分析和使用微元的思想提供有利条件。

学生可能会在如下几方面存在学习障碍：学生对电容器充放电实验电路的分析，对充放电的微观本质和充电过程的物理原理理解，对电容概念的理解，通过图像语言描述抽象的过程（例如充放电过程是看不见的）可能没有用 $v$-$t$ 图像描述运动那么容易理解。

4. 开放性学习环境

上课的环境是在教室和实验室，虚拟环境是视频影像等资源，人文环境是有融洽的师生关系和学生组成的学习小组。

5. 单元学习目标（表 2.30）

表 2.30　用"图像语言"描述和研究电容器单元学习目标

| 课标素养 | 学习目标 | 对应水平等级 |
| --- | --- | --- |
| 物理观念 | 1. 经历用物理量之比定义电容的过程，理解电容的概念。知道电容的单位。 | A4 |
| | 2. 了解电容器的类型、特性及作用。 | A1 |
| | 3. 能从功能关系和能量守恒的角度分析电容器的储能过程。 | A4 |
| 科学思维 | 4. 通过观察常见电容器的构造，建构电容器模型。 | B2 |
| | 5. 通过实验，观察电容器在充放电过程中电流与电压的变化，通过电流传感器和电压传感器获取 $i$-$t$ 图像、$u$-$t$ 图像，体会各图像的物理含义。 | B3 |
| | 6. 通过与 $v$-$t$ 图像、$s$-$t$ 图像等的类比，理解 $i$-$t$ 图像下面积的含义，能利用软件的积分功能求解电容的电量 $q$，体会类比和微积分的思想。 | B4 |
| | 7. 能定性和定量画出电容器充放电过程中的 $u$-$q$ 图像，会利用 $u$-$q$ 图像下面积的含义求解电容器的能量大小，了解在电源向电容器充电的过程中存在损耗。体会微积分的思想。 | B4 |
| 科学探究 | 8. 经历实验探究电容器两极板间电势差与所带电荷量关系。 | C3 |
| | 9. 经历实验探究影响平行板电容器电容大小的因素，知道平行板电容器的电容决定式。 | C2 |
| | 10. 通过实验探究影响电容器充电快慢的因素，依据实验结果，理解"快速充电""均匀充电"的含义，提升探究意识，对实验结果基于证据进行理解。 | C3 |

续表

| 课标素养 | 学习目标 | 对应水平等级 |
|---|---|---|
| 科学态度与责任 | 11.通过了解超级电容的特点,了解科学、技术、社会、环境的关系,认识到人类在保护环境和促进可持续发展方面的责任。 | D2 |

6.单元教学过程(方案:以活动/任务为单位规划)(表2.31)

表2.31 用"图像语言"描述和研究电容器单元教学过程

| 任务序号 | 时长 | 教学过程 |
|---|---|---|
| 任务1:什么是电容器和电容?如何改变电容的储电能力大小? | 40分钟 | 子任务1:观察电容器的构造。<br>活动1:展示生活中常见的电容器图片,观察实验室电容器实物,总结电容器的基本构造。<br>子任务2:观察电容器的充放电实验。<br>活动2:利用实验室的电容器做充放电实验,观察小灯泡的发光情况和电流表的示数变化情况。<br>活动3:利用电流传感器和电压传感器做电容器的充放电实验,获取 $i$-$t$ 图像和 $u$-$t$ 图像。<br>子任务3:建立电容的概念。<br>活动4:利用相同的几个电容器做均分电荷的实验,得出电荷和电压的关系。<br>活动5:根据电荷和电压的关系,利用比值定义法建构电容的概念。<br>子任务4:介绍常见电容器。<br>活动6:观察各种电容器,识别电容器符号,了解电容器额定电压和击穿电压。了解电容器的应用(闪光灯、焊接技术、超级电容公交车等)。<br>子任务5:实验探究影响平行板电容器电容大小的因素。<br>活动7:利用控制变量法用实验探究影响平行板电容器电容大小的因素。 |
| 任务2:如何实现电容器快充电、慢放电? | 40分钟 | 子任务1:如何用图像语言描述电容器充放电过程?<br>问题1:电容器充电时电流随时间怎样变化?如何显示充电的电流的变化?<br>活动1:按照设计好的电路图,连接电路,演示充放电过程。并用电流传感器记录电流 $i$-$t$ 图像。<br>问题2:为什么充、放电电流随时间这样变化?<br>问题3:从 $i$-$t$ 图像上可以获取哪些信息? $i$-$t$ 图线和时间轴围成的面积有什么含义?为什么能表示电荷量?<br>追问1:对同一个电容器充放电,充电电流与时间轴围成的面积、放电电流与时间轴围成的面积,是什么关系?<br>追问2:你还能想到哪些图像围成的面积表示第三个物理量?<br>问题4:如果不用软件中积分功能处理,通过什么样的方法可以得到面积?哪里用到过这个方法?<br>问题5:根据实验测得的电容器充电时 $i$-$t$ 图像定性画出 $q$-$t$ 图像,并且说明理由。 |

续表

| 任务序号 | 时长 | 教学过程 |
| --- | --- | --- |
|  |  | 活动2：延长充电时间，通过积分获得电量，绘制出 $q$-$t$ 图像。<br>问题6：从 $q$-$t$ 图像上还可以获取哪些信息？<br>问题7：根据实验测得的电容器充电时 $i$-$t$ 图像定性画出 $u$-$t$ 图像。<br>活动3：测量出 $u$-$t$ 图像，为以上的分析寻找证据支持。<br>问题8：为什么 $u$-$t$ 图像呈现是这样的趋势？<br>追问：为什么 $u$-$t$ 图像的变化趋势与 $q$-$t$ 图像的变化趋势相似？<br>问题①这个 $u$-$t$ 图像为什么与 $i$-$t$ 图像的变化趋势相似？这是谁的电压随时间变化的规律？<br>问题②：为什么电容两端的电压 $u_c$-$t$ 是这样的变化趋势呢？是实验弄错了吗？<br>问题③：为什么 $u_c$-$t$ 图像与 $q$-$t$ 图像的变化趋势很相似呢？<br>老师介绍应用：电容器两端的电流可以突变，但是电压不能突变。在电路上可以用电容器做"过电压保护"。有些半导体元件对电压特别敏感，给这些元件并联一个 RC 支路，可以防止电压突变。<br>子任务2：通过图像方法探究电容器充放电快慢的影响因素。<br>问题1：前面视频中提到超级电容车能够实现"闪充"，相比与之前需要进场长时间充电的电动公交车具有明显优势。电容器充电的快慢可能与哪些因素有关？怎样证实这些因素是否影响充放电时间？<br>活动1：用控制变量法做实验探究，并且每组实验出来结果后，理论分析原因。<br>问题2：从理论上分析如何实现电容器快充电、慢放电？ |
| 任务3：如何提高电容器的存储能量？ | 40分钟 | 子任务1：如何进一步提升超级电容公交车的能量？<br>问题1：上节课播放了超级电容器公交车在上海投入运营的新闻视频。回顾超级电容具备哪些显著特点？<br>问题2：大家是否关注到视频中的另外一个信息："这代超级电容公交车达到了 40 kW·h 的容量"。这个是在描述超级电容的什么特点？<br>问题3：有资料显示一般公交车的功率在 80～150 kW，请同学们估算一下超级电容公交车可以行驶多长时间？<br>问题4：24 分钟在市区能够满足要求，但是如果在郊区，显然能量是不够用的。必须想办法提高电容器的能量。问题：如何提高超级电容的能量？<br>子任务2：如何计算电容器的能量？<br>问题1：如何计算电容器的能量？（以平行板电容器为模型进行研究）<br>问题2：完成习题。思考：搬运电荷的过程中电压一直在变化，因此求解过程的计算式为：$W=\Delta qU_1+\Delta qU_2+\Delta qU_3+\cdots$ 但是这个公式不能直接求解，怎么解决？你是怎么想到新的方法的？<br>问题3：如何通过实验绘制 $u$-$q$ 图像？<br>问题4：分析说明为什么 $u$-$q$ 图像与横轴的面积是电容器的能量？<br>子任务3：超级电容的原理和公交车上的应用。<br>问题1：简单介绍超级电容器的原理，思考如何提高超级电容的能量？<br>问题2：完成习题，了解超级电容公交车的能量回收。 |

## 7. 评价建议（表 2.32）

表 2.32　用"图像语言"描述和研究电容器单元评价建议

| 需评价的任务 | 任务评价描述 ||||
|---|---|---|---|---|
| | 评价内容 | 评价指标 | 评价方法赋值方法 | 指向深度学习的特征及学习目标 |
| 任务1：什么是电容器和电容？如何改变电容的储电能力大小？ | 通过实验研究电容器的充放电过程。 | □能完成实验，观察电表变化，获取图像并进行分析。<br>□能基本完成实验，观察电表变化，获取图像，但不能进一步分析数据。<br>□能基本完成实验，观察电表变化，但不能获取图像。 | 根据实验过程和结果评价 | 活动与体验，评价学生在实验过程中与同伴交流合作，获得图像、合理解释的探究能力。 |
| | 建构电容概念并理解。 | □能通过实验得出电荷和电压的关系，从而建构电容的概念并理解比值定义法的含义。<br>□能通过实验得出电荷和电压的关系，从而建构电容的概念。<br>□不能建构概念。 | 根据实验结果和课堂提问评价 | 活动与体验、联想与结构，评价学生分析实验结果，并建构新概念，理解其含义。 |
| 任务2：如何实现电容器快充电、慢放电？ | 对电容器充、放电的 $i$-$t$ 图像趋势的解释。 | □能从充电过程电容器两极板与电源两极之间的电势差的角度清晰解释。<br>□不能做出解释。 | 根据课堂提问和学生表述评价 | 联想与结构，评价学生能否结合电势、电势差、电流的概念对问题做出解释。 |
| | 建立电容器 $i$-$t$ 图像和 $q$-$t$、$u$-$t$ 图像之间的联系。 | □能够分析三个图像之间的关联；能根据实验获取的数据绘制出 $q$-$t$ 图像、通过实验测得 $u$-$t$ 图像验证理论分析。<br>□能够根据实验数据绘制 $q$-$t$ 图像，能够通过实验测量 $u$-$t$ 图像，但是不能解释图像之间的关联。<br>□不能根据数据绘制图像，不能根据实验测量图像，也不能解释图像之间的关联。 | 根据课堂提问和学生表述做出评价 | 联想与结构：学生能够利用已有知识分析两个图像之间的关联，做出图像的转化；<br>活动与体验：通过活动获得证据为理论分析提供基础。 |
| | 通过实验探究影响电容器充放电快慢的因素。 | □能够假设猜想、设计实验方案、实施探究、获取数据并且得到结论，能够利用结论对实际问题做出解释。<br>□能够完成部分实验方案，但是不能获取完整结论。<br>□不知道从什么角度对该问题展开研究。 | 根据学生课堂表述以及实施实验的情况作出评价 | 活动与体验：通过实验探究对该问题有较为清楚的认识，进而能对实际现象作出合理解释；<br>联想与结构：对实验的结果根据已有知识作出定性解释。 |

续表

| 需评价的任务 | 任务评价描述 ||||
|---|---|---|---|---|
| | 评价内容 | 评价指标 | 评价方法赋值方法 | 指向深度学习的特征及学习目标 |
| 任务3：如何提高电容器的存储能量？ | 能否通过已学知识和方法找到计算电容器存储能量大小的方法。 | □能通过以往图像下面积的物理含义确定计算电容器存储能量大小的方法。<br>□不能通过以往图像下面积的物理含义确定计算电容器存储能量大小的方法。 | 课堂提问和习题的完成情况 | 联想与结构、迁移与创造，评价学生利用已有知识和方法类比解决新问题的能力。 |

8. 反思性教学改进（选择）

9. 单元作业（选择）

10. 课时教学设计（一）

10.1 课时教材分析

本节课通过"如何提高超级电容公交车存储能量"这样一个具有挑战性的学习主题，从功能关系角度引导学生推导电容器的能量公式并加以应用。在过程中体会类比、微积分的学科方法，建立能量观念。通过对实验数据的分析和处理，提高学生的科学探究能力。

10.2 课时学情分析

学生已经学习了分析电容问题需要涉及的电势差、电场强度、电荷量等物理量，本节课是应用静电场的有关知识和能量的观念解决电容的储能问题。学生对电容器充放电的 $i$-$t$ 图像有直观的认识，但对充放电的微观本质和充电过程的物理原理存在认知困难。虽然具备了一定的微积分思想，但是对电容器的定义理解不够深刻，绘制和理解 $u$-$q$ 图像可能存在一定的困难。

10.3 课时学习重点

能根据实验数据画出电容器充放电过程中的 $u$-$q$ 图像，会利用 $u$-$q$ 图像求解电容器的能量大小。体会类比和微积分的思想。理解电容的定义式，理解比值定义法的含义。

10.4 课时学习难点

能从功能关系和能量守恒的角度分析电容器的储能过程；能根据实验数据画出电容器充放电过程中的 $u$-$q$ 图像，会利用 $u$-$q$ 图像求解电容器的能量大小。

10.5 开放性学习环境

物理环境是实验室，虚拟环境是数字化实验室的传感器。

## 10.6 课时学习目标（表2.33）

表2.33 研究电容器的储能课时学习目标

| 主题学习目标 | 课时学习目标 | 对应关系说明 |
| --- | --- | --- |
| 形成相互作用和能量观 | 能从功能关系和能量守恒的角度分析电容器的储能过程。 | 目标3 |
| 培养科学思维和建构模型能力 | 在利用 $u$-$q$ 图像面积求解电容器能量 $E$ 的过程中体会类比的方法，体会微积分的思想。 | 目标6 |
| 提升科学探究能力 | 能根据实验数据画出电容器充放电过程中的 $u$-$q$ 图像，会利用 $u$-$q$ 图像求解电容器的能量大小。了解在电源向电容器充电的过程中存在损耗。 | 目标7 |
| 增强科学态度与责任 | 通过了解超级电容的特点，了解科学、技术、社会、环境的关系，认识到人类在保护环境和促进可持续发展方面的责任。 | 目标11 |

## 10.7 课时学习过程（表2.34）

表2.34 研究电容器的储能课时学习过程

| 任务 | 教学过程描述（按照任务或者活动的基本环节描述） |
| --- | --- |
| 任务1：如何进一步提升超级电容公交车的能量？ | 问题1：上节课播放了超级电容公交车在上海投入运营的新闻视频。回顾超级电容具备哪些显著特点？<br>问题2：大家是否关注到视频中的另外一个信息："这代超级电容公交车达到了40kW·h 的容量"。这个是在描述超级电容的什么特点？<br>问题3：有资料显示一般公交车的功率在 80~150kW，请同学们估算一下超级电容公交车可以行驶多长时间？<br>问题4：一般公交车在市区行驶24分钟能够满足要求，但是如果在郊区，显然能量是不够用的。必须想办法提高电容器的能量。问题：如何提高超级电容的能量？ |
| 任务2：如何计算电容器的能量？ | 问题1：如何计算电容器的能量？（以平行板电容器为模型进行研究）<br>（1）请分析电容器是如何带电的？<br>（2）电容器存储的能量是哪里来的？<br>（3）如何计算电容器充电过程中增加的电能？<br><br>问题2：完成习题<br><br>图1　　　图2 |

续表

| 任务 | 教学过程描述（按照任务或者活动的基本环节描述） |
| --- | --- |
|  | 假设电容器充电过程中某一瞬间电容器两极板间的电压为 $U_1$，电源将 $\Delta q$ 电量从正极搬运到负极过程中，<br>求：（1）电容器的电场力所做的功 $W_1$；<br>（2）电源克服电场力所做的功 $W_1'$；<br>（3）电容器电势能增加了多少，即 $\Delta Ep_1=$ ?<br>（4）假设电容器充电结束后所带电量是 $Q$，电压为 $U$，求电容器存储的电势能 $Ep$？<br>思考：搬运电荷的过程中电压一直在变化，因此求解过程的计算式为：$W=\Delta qU_1+\Delta qU_2+\Delta qU_3+\cdots$ 但是这个公式不能直接求解，怎么解决？你是怎么想到新的方法的？<br>问题3：如何通过实验绘制 $u$-$q$ 图像？利用上节课获取的充放电过程中的 $i$-$t$ 图像和 $u$-$t$ 图像的数据解决问题。请分析学案中的实验数据，获取有用数据，填写表格并描绘两个电容器的 $u$-$q$ 图像（绘制在同一个坐标纸内）。分析通过实验数据可以得到哪些结论？<br>问题4：分析说明为什么 $u$-$q$ 图像与横轴的面积是电容器的能量？思考：图像中的一个微元的物理含义？体会无限分割、化变为恒、逐渐逼近的过程，领悟微积分的思想。 |
| 任务3：超级电容的原理和公交车上的应用。 | 问题1：简单介绍超级电容器的原理，思考如何提高超级电容的能量？双电层超级电容器的原理图如图1。<br><br>1-双电层 2-电解液 3-极板 4-负载<br>**图1 双电层超级电容器原理图**<br>问题2：完成习题，了解超级电容公交车的能量回收。<br>2015年4月16日，全球首创超级电容储能式现代电车在中国宁波基地下线，如图1所示。这种电车没有传统无轨电车的"长辫子"和空中供电网，没有尾气排放，乘客上下车的几十秒内可充满电并行驶几公里，刹车和下坡时可把部分动能转化成电能回收储存再使用。<br><br>图1　　　　　图2<br>研究发现，电容器储存的能量表达式为 $\dfrac{1}{2}CU^2$，其中 $U$ 为电容器两端所加电压，$C$ 为电容器的电容（图2）。设在某一次紧急停车中，在汽车速度迅速减为0的过程中，超级电容器两极间电势差由 $U_1$ 迅速增大到 $U_2$。已知电车及乘客总质量为 $m$，超级电容器的电容为 $C_0$，动能转化为电容器储存的电能的效率为 $\eta$。求电车刹车前瞬间的速度 $v_0$。 |

### 10.8 板书设计

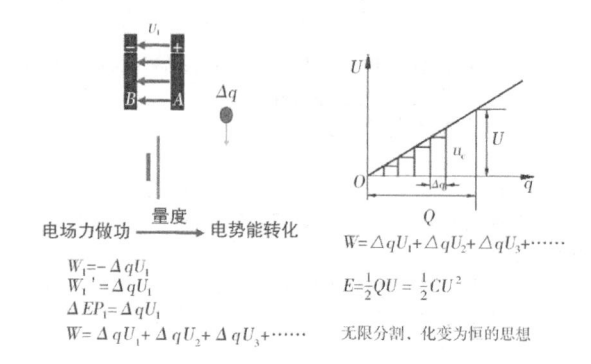

电场力做功 —量度→ 电势能转化

$W_1 = -\Delta q U_1$
$W_1' = \Delta q U_1$
$\Delta EP_1 = \Delta q U_1$
$W = \Delta q U_1 + \Delta q U_2 + \Delta q U_3 + \cdots$

$W = \Delta q U_1 + \Delta q U_2 + \Delta q U_3 + \cdots$
$E = \frac{1}{2} QU = \frac{1}{2} CU^2$

无限分割，化变为恒的思想

### 10.9 课时作业

问题：假设实验中电源的电动势为 $E_0$，电容器的电容为 $C_0$，定值电阻为 $R$，其他电阻均不计，电容器原来不带电。开关 S 闭合，一段时间后，电路达到稳定状态。求：

（1）电源消耗的电能。

（2）该电路因电磁辐射、电流的热效应等原因而损失的能量。请将电源消耗的电能和损失的能量对应在图像中。

### 10.10 教学反思与改进

本节课以社会焦点问题作为课堂的挑战性问题，提高学生的兴趣和进一步研究的热情。利用任务驱动的方式引发学生一步步深入思考，从思想和方法上以及物理观念上引导学生解决问题。利用习题引起学生的认知冲突，并进行讨论，利用类比的方法寻找解决问题的方法。利用实验数据的分析和处理环节提高学生科学探究的能力。整节课学生能够做到全情的投入，实现了学生的深度学习。

### 11. 课时教学设计（二）

#### 11.1 课时教材分析

（1）本课时物理知识上与前面学过的电流、电势差、闭合电路欧姆定律紧密结合。

（2）方法上强调通过图像语言描述抽象的物理过程的方法：

通过与 $v$-$t$、$F$-$t$ 图像的类比让学生深刻理解充放电过程中的 $i$-$t$ 图像的特点以及对应的物理意义；通过与 $s$-$t$ 图像类比深刻理解 $q$-$t$ 图像的含义，并能建立 $i$-$t$ 图像与 $q$-$t$ 图像之间的关联。

通过用不同的图像语言描述充放电过程，让学生对电容器充放电过程理解更加全面、透彻。

（3）本课时第二个学习任务是通过图像探究电容器充放电快慢的影响因素，既能对实际情境中提炼的问题进行探究式学习，又能体现图像语言作为一种研究方法在探究中的应用。

11.2  课时学情分析

（1）关注学习者的学习起点和学习需求：

对学生进行课前诊断。课前诊断问题：

①请你设计对电容器进行充电、放电的简单的电路图。

②语言描述电容器充电过程中电流随时间变化的情况。

③定性画出电容器充电过程的 $i\text{-}t$ 图像。

（2）学习者综合分析：

①知识储备方面：

A. 学生复习了静电场的基本知识，会从力和运动的关系以及能量两个角度研究带电粒子在电场中的运动；

B. 学生知道电容的定义式和平行板电容器电容的决定式；

C. 学生对电容器充放电过程有浅显的了解，知道充电时电荷量增加，但是理解不深刻，不能够准确掌握 $i$ 随 $t$ 变化的趋势、$q\text{-}t$ 图像，以及电容器充电时两极板间电压 $u$ 随时间变化的趋势。对电容器充电快慢的问题生活中可能有关注，但是没有研究过。

②兴趣方面：对有趣的实验现象有较强的好奇心。

③能力方面：

A. 有使用图像语言描述物理过程的经验，例如利用 $v\text{-}t$ 图像、$s\text{-}t$ 图像描述物体的运动；

B. 利用已有知识对实验结果进行解释说明的论证能力欠缺。

④可能存在的困难：

通过图像语言描述抽象的过程（例如充放电过程是看不见的）可能没有用 $v\text{-}t$ 图像描述运动那么容易理解，因此清晰地呈现真实的图像成为本节课的关键。

对图像理解过程中要用到与其他图像的类比迁移，迁移能力较弱，不一定能很好地类比。

对图像从物理本质上加以解释涉及稳恒电场、电势、电势差、部分电路。在欧姆定律的综合应用方面，学生在解释和理解上会存在困难。

### 11.3 课时学习重点

（1）电容器充电过程中 $i$-$t$ 图像、$q$-$t$ 图像、$u$-$t$ 图像的变化趋势、物理意义以及原因分析。

（2）电容器充电过程中 $i$-$t$ 图像、$q$-$t$ 图像、$u$-$t$ 图像之间的关联。

（3）影响电容器充电快慢的因素。

### 11.4 课时学习难点

（1）能利用已有知识通过实验和科学推理论证，建立 $i$-$t$ 图像、$q$-$t$ 图像、$u$-$t$ 图像，三个图像的关联。

（2）通过实验探究电容器充电快慢的影响因素。

### 11.5 开放性学习环境

物理环境是实验室，虚拟环境是数字化实验室的传感器。

### 11.6 课时学习目标（表2.35）

表2.35　研究电容器的充放电课时学习目标

| 主题学习目标 | 课时学习目标 | 对应关系说明 |
| --- | --- | --- |
| 培养科学思维和建构模型能力 | ①通过与 $v$-$t$ 图像、$s$-$t$ 图像等的类比，让学生理解 $i$-$t$ 图像面积的含义、$q$-$t$ 图像斜率的含义，建立起 $i$-$t$ 图像与 $q$-$t$ 图像的关联，培养学生的类比、迁移的科学思维。②通过对实验获得的 $u$-$t$ 图像的解释，培养学生的推理论证能力；从不同角度解释该图像，可以培养学生综合应用知识的能力以及发散思维。③通过对三个图像的分析，培养学生从图像中读取信息的能力。④通过三个图像从三个角度描述电容器的充放电过程，建立起电容器充放电过程的物理模型，加深对物理规律的认识。 | 目标10 |
| 提升科学探究能力 | ①利用电流传感器、电压传感器采集数据，通过实验获取 $i$-$t$ 图像、$u$-$t$ 图像，形成探究能力和证据意识。②能够利用采集的数据绘制 $q$-$t$ 图像，形成探究能力和证据意识。③经历"探究影响电容器充放电快慢的影响因素"的过程，体会实验探究的完整过程：提出假设、设计方案、实施实验、获取数据、得出结论，对结论作出解释，形成探究能力。 | 目标5、6、7 |
| 增强科学态度与责任 | ①通过探究影响电容器充放电快慢的影响因素，了解物理规律对科学技术的进步起到重要的理论指导作用。②通过探究电容器充电过程的三个图像之间的联系，进一步认识这一物理过程的本质。 | 目标10 |

11.7　课时学习过程（表 2.36）

表 2.36　研究电容器的充放电课时学习过程

| 任务 | 教学过程描述（按照任务或者活动的基本环节描述） |
| --- | --- |
| 任务 1：如何用图像语言描述电容器充放电过程？ | 问题 1：电容器充电时电流随时间怎样变化？如何显示充电的电流的变化？<br>活动 1：按照设计好的电路图，连接电路，演示充放电过程，并用电流传感器记录电流 $i\text{-}t$ 图像。 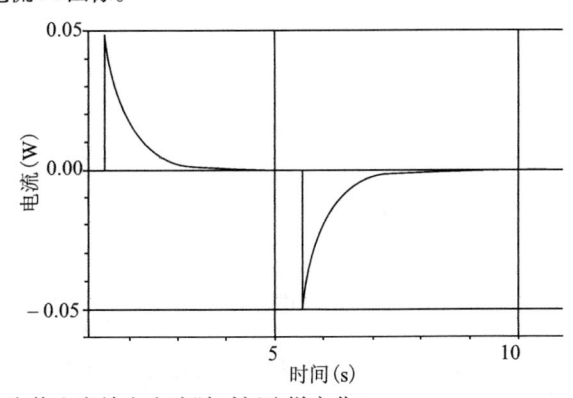<br><br>问题 2：为什么充放电电流随时间这样变化？<br>问题 3：从 $i\text{-}t$ 图像上可以获取哪些信息？$i\text{-}t$ 图线和时间轴围成的面积有什么含义？为什么能表示电荷量？<br>追问 1：对同一个电容器充放电，充电电流与时间轴围成的面积、放电电流与时间轴围成的面积，是什么关系？<br>追问 2：你还能想到哪些图像围成的面积表示第三个物理量？<br>问题 4：如果不用软件中积分功能处理，通过什么样的方法可以得到面积？哪里用到过这个方法？<br>问题 5：根据实验测得的电容器充电时 $i\text{-}t$ 图像定性画出 $q\text{-}t$ 图像，并且说明理由。<br>活动 2：延长充电时间，通过积分获得电量，绘制出 $q\text{-}t$ 图像。<br><br>\| 时间 $t$(s) \| 电荷量 $q$(c) \|<br>\| --- \| --- \|<br>\| 0.1 \| 0.003702 \|<br>\| 0.2 \| 0.008942 \|<br>\| 0.3 \| 0.01216 \|<br>\| 0.4 \| 0.01503 \|<br>\| 0.5 \| 0.01713 \|<br>\| 0.6 \| 0.01838 \|<br>\| 0.7 \| 0.02055 \|<br>\| 0.8 \| 0.02135 \|<br>\| 0.9 \| 0.02282 \|<br>\| 1 \| 0.02347 \|<br>\| 1.1 \| 0.0242 \|<br>\| 1.2 \| 0.02465 \|<br>\| 1.3 \| 0.02503 \|<br>\| 1.4 \| 0.02552 \|<br>\| 1.5 \| 0.02581 \|<br>\| 1.6 \| 0.026 \|<br>\| 1.7 \| 0.02623 \|<br>\| 1.8 \| 0.02637 \|<br>\| 1.9 \| 0.02654 \|<br><br>问题 6：从 $q\text{-}t$ 图像上还可以获取哪些信息？<br>问题 7：根据实验测得的电容器充电时 $i\text{-}t$ 图像定性画出 $u\text{-}t$ 图像。 |

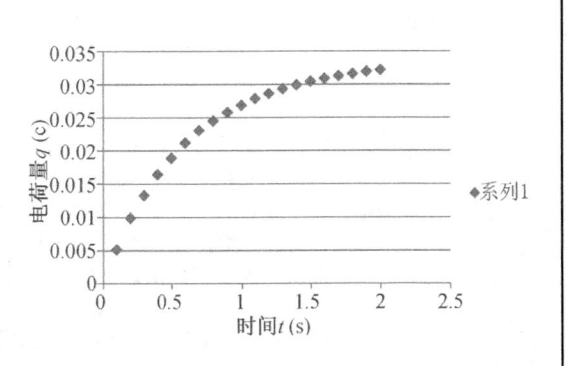

续表

| 任务 | 教学过程描述（按照任务或者活动的基本环节描述） |
|---|---|
|  | 活动3：测量出 u-t 图像，为以上的分析寻找证据支持。 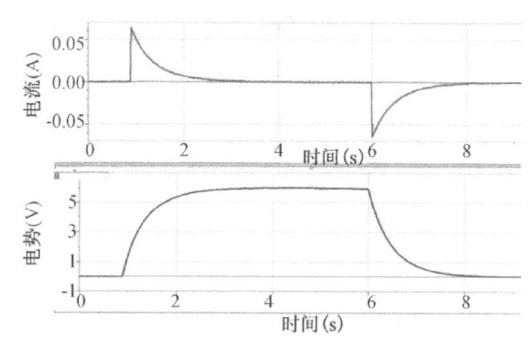<br><br>问题8：为什么 u-t 图像的变化趋势与 q-t 图像的变化趋势相似？<br>追问：<br>问题①这个 u-t 图像为什么与 i-t 图像的变化趋势相似了？这是谁的电压随时间变化的规律？<br>问题②为什么电容两端的电压 u-t 是这样的变化趋势呢？是实验弄错了吗？<br>问题③为什么 u-t 图像与 q-t 图像的变化趋势很相似呢？<br>问题④这种电压不能突变的情况在实际电路中有什么应用价值吗？ 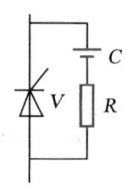<br><br>老师介绍应用：电容器两端的电流可以突变，但是电压不能突变。在电路上可以用电容器做"过电压保护"。有些半导体元件对电压特别敏感，给这些元件并联一个 RC 支路，可以防止电压突变。|
| 任务2：如何用图像语言探究影响电容器充放电快慢的因素？ | 活动1：【播放视频】秒充技术在公交领域的应用。<br>问题1：视频中提到超级电容车能够实现"闪充"，相比之前需要进场长时间充电的电动公交车具有明显优势。电容器充电的快慢可能与哪些因素有关？<br>问题2：设计实验方案探究这些因素是否影响充放电时间？<br>活动2：学生根据控制变量法设计实验方案，利用电容器充放电的 i-t 图像获取电容器充放电时间，并获得实验结论。<br>问题3：能否对实验结果进行简单的理论分析？<br>活动3：学生利用已有知识从理论上简单分析论证实验结果。|

### 11.8 板书设计

**用图像语言描述电容器充放电**

- 一.描述充放电过程
  - 1. $i$-$t$图像：
  - 2. $q$-$t$图像：
  - 3. $u$-$t$图像：

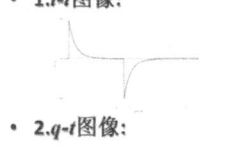

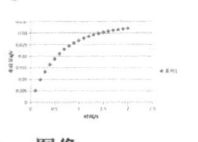

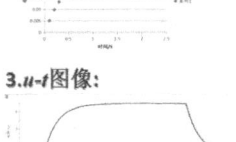

- 二.探究影响充放电快慢的因素
  - 1.提出猜想：
  - 2.设计方案:控制变量法
  - 3.实验实施：
  - 4.获取数据：
  - 5.得到结论：
    - ①$U$、$C$相同时，$R$越大，充电时间越短
    - ②$R$、$E$相同时，$C$越大充电时间越长
    - ③$R$、$C$相同时，$E$不影响充电时间

### 11.9 课时作业

### 11.10 教学反思与改进

本课时聚焦通过图像研究电容器充放电。在任务设计上突出图像方法在研究电容器充放电过程中的作用。

**任务1**：从三个图像分析电容器充放电过程，在三个图像关联过程中需要调动学生的科学推理、科学论证的能力，同时也完成了知识结构化。通过三个图像的呈现认识同一个物理过程，学习者可以深刻理解该物理过程的核心本质，建立清晰的物理过程模型。

**任务2**：从实际中提取问题，然后借助图像法研究问题，得出结论后再对结论进行解释论证，对实际问题进行解释应用。一方面突出图像法在探究该问题中的重要作用，另一方面使得学习者对学习内容的实用性有了深刻的理解。

作者：王　丹　田立元

## 案例三

1. 主题名称：用图像分析实验数据
2. 主题概述

## 2.1 核心概念：电学实验　图像（图 2.16）

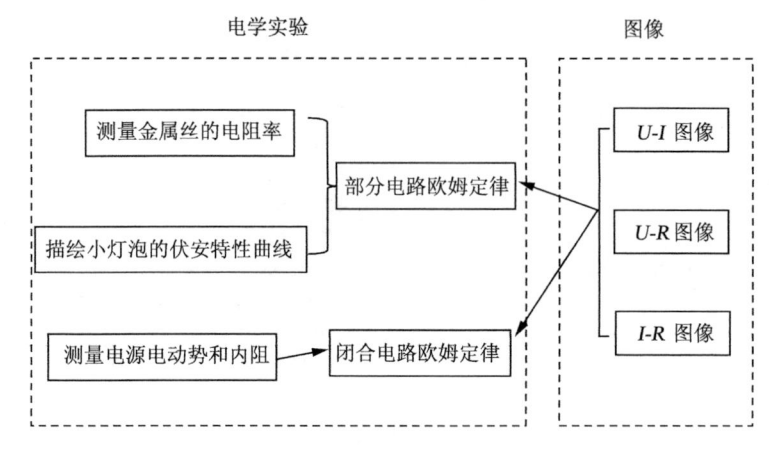

图 2.16　单元知识内容分析

## 2.2 内容结构

电学实验是高考实验的重点考查内容，通过分析近几年的高考题，发现电学实验主要考查以部分电路欧姆定律及闭合电路欧姆定律两部分为主，其中实验数据的处理更是考查的重点环节。物理实验数据的处理方法有：①列表法；②平均值法；③作图法。其中通过作图可以更直观地测出变量之间的增减关系，本主题以图像法作为处理手段，对部分电学实验数据深入分析，提高学生的实验探究能力。

## 2.3 呈现方式

高中物理电学实验考查内容较为分散，测量数据也不尽相同，尽管《测量金属丝的电阻率》和《描绘小灯泡的伏安特性曲线》是以部分电路欧姆定律为考查点，而《测量电源电动势和内阻》则是以闭合电路欧姆定律为考查点，但是三者的测量数据均与电压 $U$、电流 $I$、电阻 $R$ 相关，因此本主题以这三个实验内容作为一个单元，以高三一轮电学实验复习为背景，通过任务驱动教学（表 2.37）。

表 2.37　高中电学实验复习任务设计

| 核心任务 | 子任务 | 教材对应内容 |
| --- | --- | --- |
| 如何获得精确的数据并解释其原理？ | 任务 1：整合电路中的图像。 | 高三复习课 |
|  | 任务 2：伏安法测电阻如何操作？测量数据如何分析？ | 高三复习课 |
|  | 任务 3：用图像法分析处理《测量电源电动势和内阻》的实验数据。 | 高三复习课 |

3. 主题学情分析

在知识方面：学生已经学习了部分电路欧姆定律和闭合电路欧姆定律的基础知识，掌握了其中电压、电流及电阻之间的关系，对电学实验数据的处理有了一定的基础。

在学科方法方面：学生在初中已经学习了用理想电表做"伏安法测电阻"的实验，且具备用图像处理实验数据的能力。

在科学思维方面：学生学习运动学的过程是从直线运动到曲线运动，从匀速运动到变速运动，从简单到复杂，从理想化到现实化，有利于学生理解现实中的电表都是具有内阻的，并且是有限的内阻，可以联想到不同的仪器连接方式会影响到测量的实验数据。

学生可能会在如下几方面存在学习障碍：电流表内外接及量程的选择；滑动变阻器分压限流方式的选择；实验数据的处理及分析。

4. 开放性学习环境

上课的环境是在教室和实验室，虚拟环境是视频影像等资源，人文环境是有融洽的师生关系和学生组成的学习小组。

5. 单元学习目标（表 2.38）

表 2.38　高中电学实验学习目标

| 课标素养 | 学习目标 | 对应水平等级 |
| --- | --- | --- |
| 物理观念 | 通过电流的分析，形成电荷在导线中运动的基本运动观念。 | A4 |
| | 通过对控制电路的分析，深化能量观念。 | A2 |
| 科学思维 | 通过分析实验数据的图像培养学生推理论证和质疑创新的科学思维。 | B2 |
| | 通过对测电源电动势和内阻实验的问题探究，养成利用科学思维分析问题的习惯。 | B4 |
| 科学探究 | 通过图像获取证据，培养学生依据数据获得证据严谨的科学探究过程。 | C2 |
| | 通过实验，探究伏安法测电阻中电压、电流和电阻的关系，能依据给出的仪器特点设计实验，并能处理数据分析误差，提升实验探究实验的能力。 | C3 |
| 科学态度与责任 | 通过实验培养学生科学严谨的意识。 | D2 |
| | 通过对分压和限流电路特点的分析，引导学生从节能环保的角度设计实验，培养学生在保护环境和可持续发展方面的责任。 | D4 |

## 6. 单元教学过程(方案：以活动/任务为单位规划)（表2.39）

表2.39  高中电学实验复习教学过程

| 任务序号 | 时长 | 教学过程 |
|---|---|---|
| 任务1：整合电路中的图像。 | 40分钟 | 子任务1：梳理与图像相关的电学实验。<br>问题1：请小组讨论总结一下与图像相关的电学实验都有哪些？<br>活动1：学生小组讨论梳理出与图像相关的电学实验（测量金属丝的电阻率、描绘小灯泡的伏安特性曲线、测电源电动势和内阻）。<br>子任务2：描绘相关图像。<br>问题2：这三个实验所需测量的数据都涉及哪些物理量？都涉及哪些图像？<br>活动2：在学案上描绘 $U\text{-}I$、$U\text{-}R$、$I\text{-}R$ 图像。<br>子任务3：关注图像的特点。<br>问题3：在分析图像的过程中需要关注图像的哪些点？<br>活动3：通过交流讨论得出分析图像的方法，主要关注图像的点、线、面积、斜率、截距以及解析式。<br>子任务4：梳理相关的电学实验的核心知识。<br>问题4：这三个实验主要考查的核心内容是什么？<br>活动4：教师引导，学生小组讨论部分电路欧姆定律与闭合电路欧姆定律的内容。 |
| 任务2：伏安法测电阻如何操作？测量数据如何分析？ | 40分钟 | 子任务1：选仪器、画电路。<br>问题1：根据试卷中的题目请你判断如果选用 $20\Omega$ 的滑动变阻器？应采用限流式连接还是分压式连接？<br>问题2：分压式连接法和限流式连接法有什么区别？<br>子任务2：控制电路的选择。<br>问题1：选择合适仪器，精确测量电阻丝阻值（约为 $5\Omega$），完成电路图并进行实物连接。<br>师生一起纠正电路图以及实物连接中集中出现的问题，并及时改正。根据测量数据分析该滑动变阻器应如何接入电路？为什么这样连接？<br>问题2：阻值范围为 $0\sim 20\Omega$ 的滑动变阻器该如何接入电路？<br>问题3：阻值范围为 $0\sim 50\Omega$ 的滑动变阻器该如何接入电路？通过用不同阻值范围的滑动变阻器分别以分压及限流的方式接入电路中所获得的数据画图，分析控制电阻应如何选择？<br>子任务3：通过对实验数据的图像分析，迁移应用，完成2013年北京高考实验题。<br>活动1：完成2013年北京高考物理实验题最后一空。<br>问题1：画出 $U\text{-}x$ 关系的图像，根据图像思考为什么得到这样的结果？ |

续表

| 任务序号 | 时长 | 教学过程 |
| --- | --- | --- |
| 任务3：用图像法分析处理"测量电源电动势和内阻"的实验数据。 | 40分钟 | 子任务1：分析测电源电动势和内阻的原理。<br>问题1：闭合电路欧姆定律 $E=U+I\times R$ 中的 $I$、$U$、$R$ 分别代表什么？<br>问题2：实验中只测一组数据能否测量出电池的电动势和内阻？<br>问题3：电路中如何改变电流或电压，实现多测几组数据呢？<br>问题4：滑动变阻器与变阻箱有什么区别？<br>子任务2：画出测电源电动势和内阻的原理图，并连好实物图。<br>问题5：测电源电动势的实验步骤是什么？<br>问题6：实验操作的过程中有什么注意事项？<br>子任务3：处理实验数据。<br>问题7：计算电源电动势和内阻的方法有哪些？<br>问题8：对比两种计算方法，分析哪种计算方法误差更小？<br>子任务4：小组讨论分析2020年北京高考实验题：测量电源电动势和内阻。<br>问题9：用图1所示的甲、乙两种方法测量某电源的电动势和内电阻（约为1 Ω）。其中 $R$ 为电阻箱，电流表的内电阻约为 0.1 Ω，电压表的内电阻约为 3 kΩ。<br><br>图1<br><br>（1）利用图1中甲图实验电路测电源的电动势 $E$ 和内电阻 $r$，所测量的实际是图2中虚线框所示"等效电源"的电动势 $E'$ 和内电阻 $r'$。若电流表内电阻用 $R_A$ 表示，请你用 $E$、$r$ 和 $R_A$ 表示出 $E'$、$r'$，并简要说明理由_____。<br><br>图2<br><br>（2）某同学利用图像分析甲、乙两种方法中由电表内电阻引起的实验误差。在图3中，实线是根据实验数据（图甲：$U=IR$，图乙：$\dfrac{U}{R}$）描点作得到的 $U$-$I$ 图像；虚线是该电源的路端电压 $U$ 随电流 $I$ 变化的 $U$-$I$ 图像（没有电表内电阻影响的理想情况）。<br>在图3中，对应图甲电路分析 $U$-$I$ 图像是：_____；对应图乙电路分析的 $U$-$I$ 图像是：_____。<br>（3）综合上述分析，为了减小由电表内电阻引起的实验误差，本实验应选择图1中的_____（填"甲"或"乙"）。<br><br>A　　B　　C　　D<br>图3 |

## 7. 评价建议（表2.40）

表2.40　高中电学实验复习教学评价

| 需评价的任务 | 任务评价描述 ||||
|---|---|---|---|---|
| | 评价内容 | 评价指标 | 评价方法赋值方法 | 指向深度学习的特征及学习目标 |
| 任务1：整合电路中的图像。 | 通过分析梳理电路中与图像相关的电学实验。 | □能梳理出与图像相关的电学实验。<br>□能根据实验测量数据描绘出相应的图像。 | 根据分析过程和结果评价 | 活动与体验，评价学生在分析梳理过程中是否可以得出与图像相关的电学实验并描绘出图像。 |
| | 理解相关实验的核心内容并总结图像的处理方法。 | □能总结出相关实验的核心考查内容。<br>□能得出用图像处理数据的关注点。 | 根据实验原理和课堂提问评价 | 活动与体验、联想与结构，评价学生是否可以正确分析实验，图像特点分析数据。 |
| 任务2：伏安法测电阻如何操作？测量数据如何分析？ | 通过实验判断滑动变阻器在电路中的连接方法。 | □能熟练连接电路。<br>□能根据滑动变阻器的阻值范围判断出控制电路的连接方法。<br>□能根据滑动变阻器的连接方法解释得到的数据及图像。 | 根据实验过程和结果评价 | 活动与体验，评价学生在实验过程中能否熟练连接电路，并可以根据滑动变阻器的阻值范围正确选择控制电路的连接方法。 |
| | 通过实验解释学案上面的2013年北京高考实验原题。 | □能根据实验得到试题上的正确图像。<br>□能从图像及实验原理两个方面解释试题。 | 根据实验结果和课堂提问评价 | 活动与体验、迁移与创造，评价学生能否完成实验并得到试题正确答案，以及能否正确解释图像。 |
| 任务3：用图像法分析处理《测量电源电动势和内阻》的实验数据。 | 能否通过已学知识和方法找到测量电源电动势和内阻的实验方法。 | □能完成测电源电动势和内阻的电路图。<br>□能通过测量数据画出图像，并根据图像的斜率及横纵坐标的取值得到电源电动势和内阻的实验值。<br>□能通过实验电路图对所得数据进行误差分析。 | 根据实验过程和结果评价 | 联想与结构、迁移与创造，评价学生利用已有知识和方法类比解决新问题的能力。 |

## 8. 反思性教学改进（选择）

## 9. 单元作业（选择）

10. 课时教学设计

10.1 课时教材分析

本节内容选自高中物理选修 3-2 第二章《恒定电流》，此部分是电路和闭合电路的基本概念和规律的综合运用，既有理论分析又能与实际相联系，是电学实验的重点内容，同时也是历年高考考查的重点内容，学生通过对实验数据的分析和处理，提高自己的科学探究能力。

10.2 课时学情分析

学生通过一轮复习能基本掌握电学实验的原理，但掌握不够扎实，容易出错。通过课前对学生的调查，学生普遍反映目前面临的困难主要包括三点：仪器不会选择、电路连接选不对也容易画错。因此本节以课堂学生分组实验为主，给出统一的测量仪器，从中选择合适的仪器测量不同阻值的电阻，使学生落实滑动变阻器的分压、限流电路的画法、实物连接等环节。通过学生自己画、自己连、黑板上画、同学互相纠错等环节，让学生积极参与整个课堂的学习和落实，使平时容易出现错误的地方充分暴露，将思考和纠错的过程展现在个性化的学案上，巩固选择仪器原则和电路连接原则。

10.3 课时学习重点

能用图像处理实验数据，能解释相关图像的物理意义。

10.4 课时学习难点

能定性分析电路的动态过程。

10.5 开放性学习环境

物理环境是实验室，虚拟环境是数字化实验室的传感器。

10.6 课时学习目标（表 2.41）

表 2.41 高中电学实验复习课时学习目标

| 主题学习目标 | 课时学习目标 | 对应关系说明 |
| --- | --- | --- |
| 形成相互作用和能量观 | 通过对控制电路的分析，深化能量观念。 | 目标 2 |
| 培养科学思维和建构模型能力 | 通过分析实验数据的图像培养学生推理论证和质疑创新的科学思维。 | 目标 3 |
| 提升科学探究能力 | 通过实验，探究伏安法测电阻中电压、电流和电阻的关系，能依据给出的仪器特点设计实验，并能处理数据分析误差，提升科学探究实验的能力。 | 目标 6 |
| 增强科学态度与责任 | 通过对分压和限流电路特点的分析，引导学生从节能环保的角度设计实验，培养学生在保护环境和可持续发展方面的责任。 | 目标 8 |

## 10.7 课时学习过程（表 2.42）

**表 2.42 高中电学实验复习课时学习过程**

| 任务 | 教学过程描述（按照任务或者活动的基本环节描述） |
|---|---|
| 任务1：选仪器、画电路。 | 问题1：根据试卷中的题目请你判断如果选用 20Ω 的滑动变阻器，应采用限流式连接还是分压式连接？<br>题目：在"测定金属的电阻率"的实验中，金属丝的阻值约为 5Ω，某同学先用刻度尺测量金属丝的长度 L = 50.00 cm，用螺旋测微器测量金属丝直径时刻度位置如图所示，再用伏安法测出金属丝的电阻，然后根据电阻定律计算出该金属材料的电阻率。<br><br>①该电阻丝直径的测量值 $d$ =_____mm；<br>②实验中能提供的器材有：<br>A. 电压表 $V_1$（量程 0～3V，内阻约 3kΩ）<br>B. 电压表 $V_2$（量程 0～15V，内阻约 15kΩ）<br>C. 电流表 $A_1$（量程 0～3A，内阻约 0.01Ω）<br>D. 电流表 $A_2$（量程 0～0.6A，内阻约 0.1Ω）<br>E. 滑动变阻器 $R_1$（0～20Ω）<br>F. 滑动变阻器 $R_2$（0～500Ω）<br>G. 电源 E（电动势为 3.0V）及开关和导线若干<br>　　该同学从以上器材中选择合适的器材连接好电路进行测量，则电压表应选择_____，电流表应选择_____，滑动变阻器应选择_____，（选填各器材前的字母）。要求在流过金属丝的电流相同情况下，电源消耗功率最小，并能较准确地测出电阻丝的阻值，实验电路应选用图_____。<br><br>问题2：分压式连接法和限流式连接法有什么区别？ |

续表

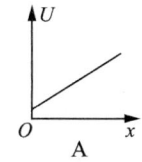

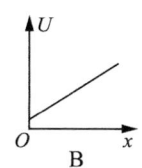

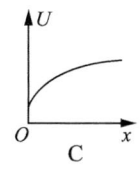

| | |
|---|---|
| 任务2：控制电路的选择。 | 问题1：选择合适仪器，精确测量电阻丝阻值（约为 5 Ω）<br>A. 电压表（量程 0～3 V，内阻约 3 kΩ）<br>B. 电压表（量程 0～15 V，内阻约 15 kΩ）<br>C. 电流表（量程 0～3 A，内阻约 0.01 Ω）<br>D. 电流表（量程 0～0.6 A，内阻约 0.1 Ω）<br>E. 滑动变阻器（阻值范围 0～20 Ω）<br>F. 滑动变阻器（阻值范围 0～500 Ω）<br>G. 电源 E（电动势为 3.0 V）及开关和导线若干<br>完成电路图并进行实物连接。<br>师生一起纠正电路图、实物连接中集中出现的问题，并及时改正。<br>根据测量数据分析该滑动变阻器应如何接入电路？为什么这样连接？<br>问题2：阻值范围为 0～20 Ω 的滑动变阻器该如何接入电路？<br>问题3：阻值范围为 0～500 Ω 的滑动变阻器该如何接入电路？通过用不同的滑动变阻器分别以分压限流的方式接入电路中所获得的数据画图，分析控制电阻应如何选择？ |
| 任务3：通过对实验数据的图像分析，迁移应用，完成2013年北京高考实验题。 | 问题1：以2013年北京高考物理实验题最后一空为例：在不损坏电表的前提下，将滑动变阻器滑片 $P$ 从一端滑向另一端，随滑片 $P$ 移动距离 $x$ 的增加，被测电阻 $R_x$ 两端的电压 $U$ 也随之增加，下列反映 $U$-$x$ 关系的示意图中正确的是（　　）<br><br>A　　B　　C<br><br>问题2：选用滑动变阻器（阻值范围 0～20 Ω）分组做限流式连接法中，在不损坏电表的前提下，将滑动变阻器滑片 $P$ 从一端滑向另一端，随滑片 $P$ 移动距离 $x$ 的增加，被测电阻 $R_x$ 两端的电压 $U$ 也随之增加，请画出 $U$-$x$ 关系的图像，根据图像思考为什么得到这样的结果？ |

## 10.8　板书设计

电学实验的选材和电路连接

一、20 Ω滑动变阻器

小结：滑动变阻器阻值为待测电阻的2～8倍时，分压限流均可，但是限流式更节能。

二、50 Ω滑动变阻器

小结：控制电路的选择中，不选择超过待测电阻10倍以上的滑动变阻器。

三、5 Ω滑动变阻器

小结：控制电路的选择中，如滑动变阻器阻值小于或等于待测电阻，应采用分压式连接法。

## 10.9 课时作业

某同学要测定一个待测电阻 $R_x$（阻值约为 200 Ω）的阻值，除了待测电阻外，实验室提供了如下器材：

电池组 E（电动势为 3 V，内阻不计）；

电流表 $A_1$（量程为 0 ~ 10 mA，内阻约为 $r_1$=50 Ω）；

电流表 $A_2$（量程为 0 ~ 500 μA，内阻 $r_2$=1 000 Ω）；

滑动变阻器 $R_1$（阻值范围为 0 ~ 20 Ω，额定电流为 2 A）；

电阻箱 $R_2$（阻值范围为 0 ~ 9 999 Ω，额定电流为 1 A）；

开关 S，导线若干。

请你根据所学内容帮助该同学完成实验中的电路图。

## 10.10 教学反思与改进

通过前面细致的实验，启发了学生对控制电路产生数据的思考。消除了学生在滑动变阻器的选择中经常选中大电阻的情况，从理论上让学生接受小阻值的滑动变阻器应采用分压式接法。下面将以对实验数据更深层的理解为目标进行实验探究。高考试题实验部分的最后一小题往往是学生错误率较高的题型，近几年对于图像的考查更是重要的组成部分。

因此本节以 2013 年北京高考物理实验题最后一空为例：在不损坏电表的前提下，将滑动变阻器滑片 P 从一端滑向另一端，随滑片 P 移动距离 x 的增加，被测电阻 $R_x$ 两端的电压 U 也随之增加，下列反映 U-x 关系的示意图（图 2.17）中正确的是（A）

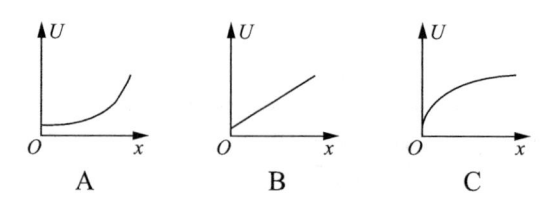

图 2.17　U–x 关系示意图

本题在讲解过程中，教师往往会从理论上解释正确选项的合理性，但是学生往往理解不到位，认识不深刻，在选择过程中容易选错，因此有必要让学生分析实验数据，提升学生对图像更深层的理解。滑动变阻器阻值的均匀变化可理解为滑片 P 移动的距离 x 的均匀变化，从得到的数据中（图 2.18）可以看出，随滑动变阻器阻值的均匀变化，数据点间距越来越大，因此当横坐标取 x，纵坐标取 U 时，U 随 x 的增加将增大，并且增大的幅度也随 x 的均匀增加而增大。

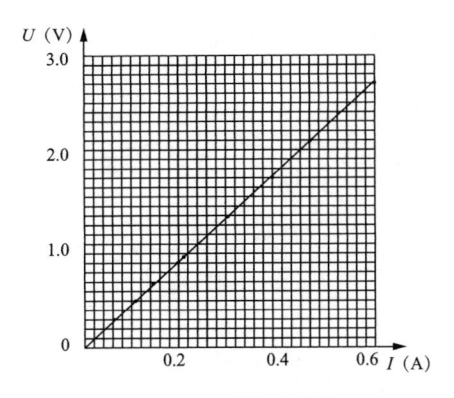

图 2.18　*U–I* 关系示意图

高中实验教学部分是将理论与实践相结合的多维课程目标，是培养学生的发散思维，全面提高学生科学素养的重要途径。应让学生通过设计实验、收集和分析实验数据等自主活动来提高实验能力，让学生在实验中认识尊重客观数据的重要性，分析数据在理论上的合理性，有利于增强学生的创新意识。利用单元学习在实验复习方面可以更有效地整合教学内容，提升学生的科学探究能力。

作者：马　跃

## 第三节　以"大概念"统摄的单元教学设计

围绕大概念组织教学内容，就是把大概念统领下的大量具体概念、规律、原理等具体教学内容按照一定的逻辑线索组织成由浅入深、由简单到复杂、带有层级的结构化教学素材，这里要特别强调以下几个方面：第一，大量概念、规律、原理等具体内容是在大概念统领下的，是相互关联的内容，这是组织结构化教学素材的基础；第二，这些内容是按照一定的逻辑线索组织起来的，是有意义的组织，而不是机械的组织；第三，组织起来的内容在认知水平上具有由浅入深、由简单到复杂的特点，具有一定的认知层级；第四，不管是在不同认知层级之间还是在某一个认知层级内，教学素材是结构化的，而不是散乱地堆砌在一起。

### 案例一

1. 主题名称：以简谐运动的研究发展运动和能量观
2. 主题概述

## 2.1 核心概念：运动和能量（图 2.19）

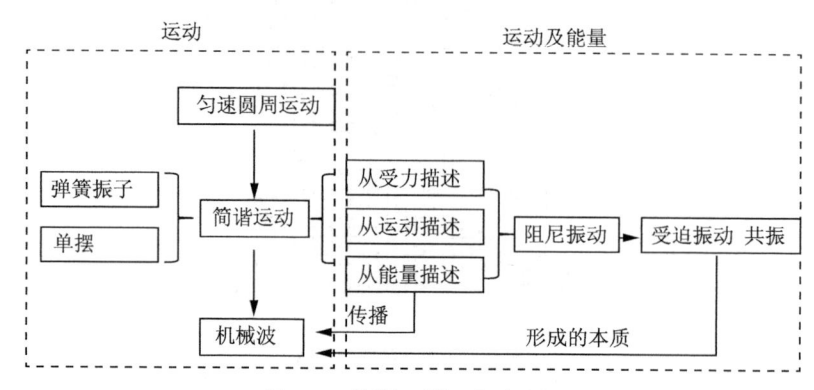

图 2.19 简谐运动核心概念分析

## 2.2 内容结构

本主题以简谐运动为核心知识，从动力学及能量的视角深入研究弹簧振子、单摆的运动，深化学生对"运动及其描述"中涉及物理概念和规律的掌握，加深学生对"力和运动"关系的理解。

## 2.3 呈现方式

通过任务驱动教学，整个单元有一个核心任务：如何从动力学和能量的视角分析机械振动。在这个核心任务之下又设计了五个任务，如表 2.43。

表 2.43 简谐运动单元任务设计

| 核心任务 | 子任务 | 教材对应内容 |
| --- | --- | --- |
| 如何从动力学和能量的视角分析机械振动？ | 任务 1：如何从运动学角度描述简谐运动？ | 第 1 节：简谐运动<br>第 2 节：简谐运动的描述 |
|  | 任务 2：如何从受力的角度描述简谐运动？<br>任务 3：简谐运动的能量特征。 | 第 3 节：简谐运动的能量 |
|  | 任务 4：从动力学和运动学两个角度分析单摆的摆动。 | 第 4 节：单摆<br>第 5 节：用单摆测重力加速度 |
|  | 任务 5：运用规律分析实际振动中的受力及能量转化。 | 第 6 节：受迫振动　共振 |

## 3. 主题学情分析

在知识方面：学生已经对力和运动的关系、做功和能量转化的关系、机械能守恒定律、冲量和动量的基本理论进行了较为系统的学习，有利于简谐运动的学习。

在学科方法方面：学生学习过三角函数的相关知识，具备本单元学习的数学基础，已运用此方法分析过正弦交流电的相关知识，有利于对简谐运动位移——时间解析式物理意义的理解。

在科学思维方面：学生学习质点、点电荷等研究对象的理想化模型，有利于对弹簧振子的理解；学生学习过匀速直线、匀变速直线、平抛、匀速圆周等运动过程的理想化模型，有利于对简谐运动的理解。

学生可能会在如下几方面存在学习障碍：简谐运动位移——时间图像函数关系的论证过程，"相位"概念的理解，单摆回复力的确定及对小角度的近似处理，单摆测重力加速度的实验数据处理和误差分析。

4. 开放性学习环境

上课的环境是在教室和实验室，虚拟环境是视频影像等资源，人文环境是有融洽的师生关系和学生组成的学习小组。

5. 单元学习目标（表2.44）

图2.44 简谐运动单元学习目标分析

| 课标素养 | 学习目标 | 对应水平等级 |
| --- | --- | --- |
| 物理观念 | 1.通过对机械振动现象的观察，形成弹簧振子、单摆等简谐运动的基本运动观念，并能从运动学和能量的视角描述简谐运动。 | A4 |
| | 2.通过对阻尼振动和共振现象的观察，深化运动和相互作用，以及能量观念，并能从运动和相互作用及能量观念出发，综合运用物理知识解决实际问题。 | A4 |
| 科学思维 | 3.通过对机械振动中简谐运动的研究，以弹簧振子、单摆为实例的具体分析，提高将实际问题中的对象和过程转化为物理模型的能力，体会从复杂到简单、从实际到理想的研究方法。 | B4 |
| | 4.通过对简谐运动、阻尼振动、受迫振动的研究，体会物理从简单到复杂、从理想模型到实际问题的研究思路。 | B4 |
| | 5.通过探究用多种方法获得简谐运动的位移时间图像，并通过推理论证，证明简谐运动的位移时间图像是正弦曲线，养成利用科学思维分析问题的习惯。 | B4 |
| 科学探究 | 6.通过实验认识简谐运动的特征，提升制定实验方案、获得数据、发现特点、形成结论的探究能力。 | C3 |
| | 7.通过实验，探究单摆的周期与摆长、重力加速度的关系，能依据单摆的周期设计测量重力加速度的实验，并能处理数据分析误差，提升实验探究实验的能力。 | C4 |
| 科学态度与责任 | 8.通过查阅伽利略、惠更斯、牛顿等科学家关于单摆的运动规律及应用的研究，增强对科学本质的认识，树立正确的科学态度与责任。 | D1 |
| | 9.通过实验认识受迫振动和共振的特点，能应用振动的规律解释和解决生活中的相关问题，了解科学·技术·社会·环境的关系。 | D2 |

## 6. 单元教学过程(方案：以活动/任务为单位规划)（表2.45）

**表2.45　简谐运动单元教学过程**

| 任务序号 | 时长 | 教学过程 |
| --- | --- | --- |
| 任务1：如何从运动学角度描述简谐运动？ | 40分钟 | 子任务1：弹簧振子的模型建构。<br>教师演示不同物体的振动。<br>问题1：这些运动有什么共同特点？<br>建立弹簧振子的模型。<br>子任务2：确定弹簧振子的位移与时间图像。<br>问题2：如何定义弹簧振子的位移呢？位移随时间如何变化？<br>活动1：方法探究：如何得到振子不同时刻的位置呢？<br>学生动手实践：笔尖振动拉动白纸。<br>问题3：猜想振子的位移时间图像遵循什么规律吗？<br>子任务3：确定弹簧振子运动位移与时间的关系式。<br>活动2：学生分组用位移传感器实验，完成实验报告的填写，记录函数图像及解析式。<br>问题4：通过数据函数拟合，从 $t=0$ 时开始选择拟合区域，能初步证实弹簧振子运动的位移时间图像为正弦函数，从数学角度你还有什么方法可以证实吗？<br>子任务4：从弹簧振子位移与时间关系式建立简谐运动模型。 |
|  | 40分钟 | 子任务1：借助实验数据和数学知识学习巩固振幅、周期、圆频率、初相的概念。<br>子任务2：运用简谐运动规律解决问题。<br>教材例题。 |
| 任务2：如何从动力学角度描述简谐运动？<br>任务3：简谐运动的能量特征。 | 40分钟 | 子任务1：弹簧振子振动时的受力有什么特点？<br>活动1：能否设计一个实验探究简谐运动中振子的受力呢？<br>问题：能从实验探究结果归纳弹簧振子的受力特点吗？<br>子任务2：从能量的视角研究简谐运动。<br>活动2：探究弹簧振子的能量及转化。 |
| 任务4：从动力学和运动学两个角度分析单摆的摆动。 | 80分钟 | 子任务1：单摆理想化模型的建构。<br>活动1：观察多种形式的摆动，建立单摆的模型。<br>子任务2：探究单摆的运动是否简谐运动。<br>活动2：探究单摆的回复力是否与位移成正比且方向相反。<br>活动3：探究单摆的位移与时间的关系是否满足正弦函数关系。<br>子任务3：分析单摆的周期。<br>演示实验：探究影响单摆周期的因素。<br>活动4：阅读教材科学漫步，了解"从日晷到原子钟"。<br>子任务4：用单摆测重力加速度。<br>学生分组实验：用单摆测重力加速度；完成实验报告的填写。 |

续表

| 任务序号 | 时长 | 教学过程 |
|---|---|---|
| 任务5：运用简谐运动的规律分析实际振动中的受力及能量转化。 | 40分钟 | 子任务1：从受力和能量的视角分析阻尼振动和受迫振动。<br>情境：手用一定的节奏摩擦"洗"的盆耳会溅起层层水花，这是为什么呢？<br>问题1：观察单摆振动过程中振幅的变化，分析机械能如何变化？<br>问题2：单摆的阻尼振动最终要停下来，那么怎样才能持续地运动呢？<br>问题3：观察实验，受迫振动的频率与什么因素有关呢？<br>问题4：观察实验，受迫振动的振幅与什么因素有关呢？<br>子任务2：应用振动的规律解决生活中的实际问题。<br>活动：阅读科学漫步，了解"振动控制技术及应用"。 |

## 7. 评价建议（表2.46）

表2.46　简谐运动单元评价建议

| 需评价的任务 | 任务评价描述 ||||
|---|---|---|---|---|
| ^ | 评价内容 | 评价指标 | 评价方法赋值方法 | 指向深度学习的特征及学习目标 |
| 任务1：如何从运动学角度描述简谐运动？ | 通过实验探究弹簧振子位移与时间的关系。 | □能完成实验，确定关系式。<br>□能基本完成实验，测得数据，但是误差较大。 | 根据实验过程和结果评价 | 活动与体验，评价学生在实验过程中与同伴交流合作，获得数据、合理解释的探究能力。 |
| ^ | 如何确定简谐运动位移与时间关系式？ | □能根据所学数学知识合理论证。<br>□能基本说出论证过程，不流畅。<br>□不能推理论证。 | 教师提问 | 联想与结构，评价学生合理运用数学知识推理论证的能力。 |
| 任务2：如何从动力学角度描述简谐运动？ | 能否设计一个实验探究简谐运动中振子的受力呢？ | □能利用传感器设计测量振子受力的实验，并能合理解释数据。<br>□能利用传感器设计实验，基本获得数据，但是误差较大，不能得出结论。 | 根据实验过程和结果评价 | 迁移与创造，评价学生能否设计一个同时测量振子受力和位移的实验，并能获得数据，通过交流和推理，得出规律。 |
| 任务3：从动力学和运动学两个角度分析单摆的摆动。 | 能否从动力学的视角推理单摆回复力与位移的关系？ | □能规范推导单摆所受回复力的表达式。<br>□能对摆球做受力分析，但是不能推导回复力的表达式。 | 课堂提问 | 联想与结构，评价学生利用力和运动的知识分析摆球受力及回复力的特点，推理论证单摆符合简谐运动。 |

087

续表

| 需评价的任务 | 任务评价描述 |||指向深度学习的特征及学习目标|
|---|---|---|---|---|
| | 评价内容 | 评价指标 | 评价方法赋值方法 | |
| | 能利用单摆测重力加速度。 | □能小组合作规范完成实验，并获得数据，测得重力加速值。 | 实验报告 | 活动与体验，评价学生在实验过程中与同伴交流合作，获得数据的探究能力。 |

8. 反思性教学改进（选择）

9. 单元作业（选择）

10. 课时教学设计　　单元中第 1 课时

10.1　课时教材分析（图 2.20）

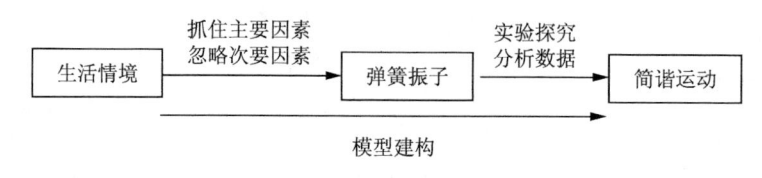

图 2.20　简谐运动课时内容分析

本节教学为单元起始节，要建立弹簧振子理想化研究对象和简谐运动理想化运动模型，是后面进一步研究简谐运动的基础。将弹簧振子与已经学过的质点、点电荷作类比，通过生活情境，演示实验，忽略次要因素抓住主要因素建立弹簧振子模型；通过实验分析弹簧振子位移随时间的变化规律建立简谐运动模型。

10.2　课时学情分析

知识上，学生已经学习过匀速直线运动、匀变速直线运动、平抛运动、匀速圆周运动，掌握了相关运动的动力学规律；本节课可以借助已有的研究方法进一步研究简谐运动。

方法上，学生对借助传感器探究实验有一定的基础和兴趣，有利于本节课对简谐运动的进一步认识。

可能存在的困难：传感器在使用过程中很不稳定，个别组可能在探究中出现比较大的误差，得不到预期的实验结果。

10.3　课时学习重点

建立弹簧振子和简谐运动的模型，认识简谐运动的位移－时间图像，并能借助图像得出解析式，初步认识振幅、周期和初相的概念。

10.4　课时学习难点

通过图像论证弹簧振子的位移与时间的关系是正弦函数关系。

10.5　开放性学习环境

物理环境是实验室，虚拟环境是数字化实验室的传感器。

10.6　课时学习目标（表2.47）

表2.47　简谐运动课时学习目标

| 主题学习目标 | 课时学习目标 | 对应关系说明 |
| --- | --- | --- |
| 形成相互作用和能量观 | 通过实验，认识机械振动和简谐运动。 | 目标1 |
| 培养科学思维和建构模型能力 | □会用理想化方法建立弹簧振子和简谐运动的模型。<br>□能运用数学知识推理论证简谐运动位移时间的正弦函数关系。 | 目标3、5 |
| 提升科学探究能力 | 经历实验探究弹簧振子位移时间关系的过程，能获得数据，并分析得出规律，形成结论。 | 目标6 |
| 增强科学态度与责任 | 在利用数字化传感器探究实验的过程中，认识到物理研究是建立在观察和实验基础上一项创造性工作，能做到实事求是。 | 目标6 |

10.7　课时学习过程（表2.48）

表2.48　简谐运动课时学习过程

| 任务 | 教学过程描述（按照任务或者活动的基本环节描述） |
| --- | --- |
| 任务1：弹簧振子的模型建构。 | 教师演示不同物体的振动。<br>问题1：这些运动有什么共同特点？ |
| 任务2：确定弹簧振子的位移与时间图像。 | 教师带着学生回顾学过的运动及研究方法，动画演示弹簧振子的运动。<br>问题2：如何定义弹簧振子的位移呢？位移随时间如何变化？<br>活动1：学生动手实践：笔尖振动拉动白纸。<br>教师动画展示"手机连拍弹簧振子运动"照片。<br>问题3：能猜想振子的位移与时间的图像遵循什么规律吗？ |
| 任务3：确定弹簧振子运动位移与时间的关系式。 | 介绍实验器材及实验要求和目的，并做操作示范。<br>活动2：学生分组做位移传感器实验，完成实验报告的填写。<br>问题4：通过数据函数拟合，从 $t=0$ 时开始选择拟合区域，能初步证实弹簧振子运动的位移时间图像为正弦函数，从数学角度你还有什么方法可以证实吗？ |
| 任务4：通过弹簧振子位移与时间关系式建立简谐运动模型。 | 引导学生回顾高一数学知识，通过弹簧振子位移与时间函数关系，建立简谐运动模型。<br>结论：如果物体的位移与时间关系遵从正弦函数规律，这样的振动是一种简谐运动。 |

### 10.8 板书设计

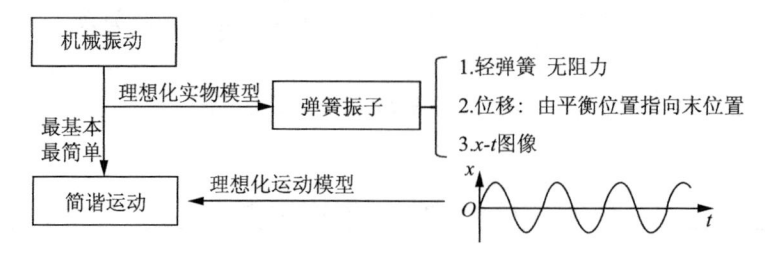

```
机械振动 ──理想化实物模型──► 弹簧振子 ┤ 1.轻弹簧 无阻力
   │                                  │ 2.位移：由平衡位置指向末位置
最基本                                 │ 3.x-t图像
最简单                                 
   │                                  x
   ▼                                  │  ∩   ∩
简谐运动 ◄──理想化运动模型──         O └─┴─┴─┴─┴──► t
                                        ∪   ∪
```

### 10.9 课时作业

下发《海淀空中课堂》的资料，自行学习"简谐运动与圆周运动的关系"，从理论层面推导简谐运动的位移时间关系

### 10.10 教学反思与改进

（1）本节课依据目标完成了弹簧振子、简谐运动的模型建构过程。学生分组运用传感器探究弹簧振子位移与时间的关系，有利于学生对图像和解析式的理解，教学效果比教师演示学生观察要显著。本实验以分体式位移传感器为振子，要选定劲度系数较小的轻弹簧，在操作中要先让振子振动，再点击"开始记录"，在选择数据时，选择从0时刻开始，此时对应为初相。

（2）本节课为本单元第一课时的教学；第二课时"简谐运动的描述"以本节课的数据为基础，进一步分析"振幅、频率、相位"的概念；第三课时"简谐运动的受力"以本节课的实验器材为基础，再加一个力的传感器，即可测得弹簧振子的受力与位移的关系。因此，本节课的实验探究不仅提升了学生的探究能力，也为后面的教学奠定了基础。

作者：王秀娟

## 案例二

1. 主题名称：机械能及其守恒的研究

2. 主题概述

2.1 核心概念：机械能以及机械能守恒定律

按照概念和规律的发展整合本单元的概念和规律（表2.49）：

表2.49 机械能及其守恒单元概念与规律

| 概念层次水平 | 层次说明 | 本单元对应概念 |
| --- | --- | --- |
| 层次1：学科核心概念 | 涵盖学科内多个主题，可以组织整合学科内容的少数关键概念。 | 能量观念、守恒观念 |
| 层次2：主题核心概念 | 组织整合某个主题内容的少数关键概念。 | 机械能、机械能守恒定律 |

续表

| 概念层次水平 | | 层次说明 | 本单元对应概念 |
| --- | --- | --- | --- |
| 层次3：重要概念 | 关系概念 | 把两个或者两个以上的基本概念连接在一起，反映基本概念之间的关系。 | 功能关系、动能定理 |
| | 基本概念 | 在人类探索自然规律的过程中，为了描述客观事物某一方面的本质属性而定义的科学概念。 | 重力势能、弹性势能、动能 |
| 层次4：基础概念 | | 从学习者的直觉感受直接概括出的科学概念，并以此认识客观世界的起点或者工具。 | 功、功率 |

### 2.2 内容结构（图2.21）

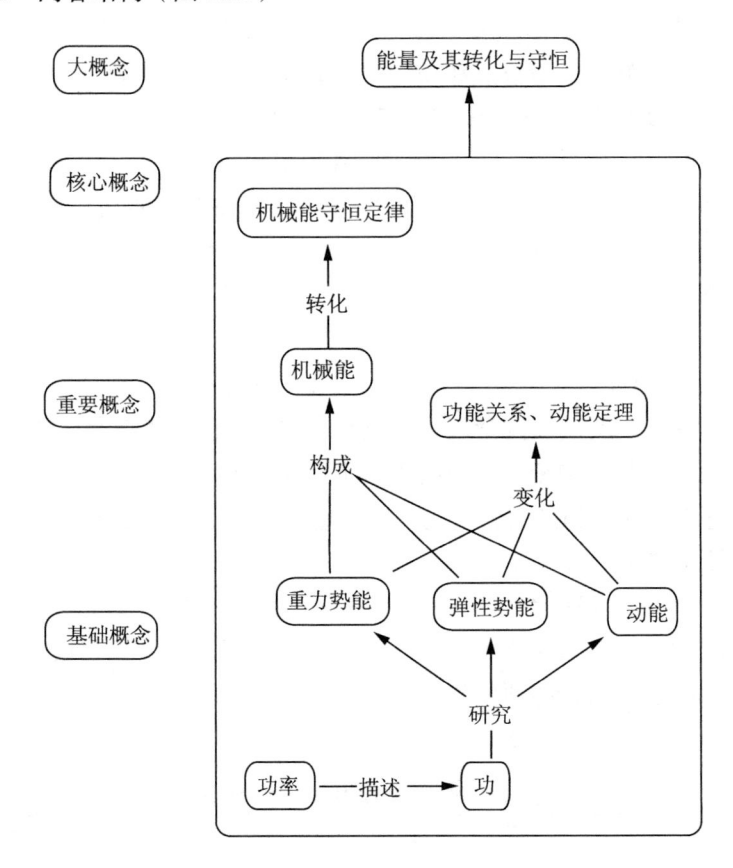

图 2.21 机械能及其守恒单元内容结构

### 2.3 呈现方式

通过任务驱动教学，整个单元有一个核心任务：研究机械能以及机械能守恒。在这个核心任务之下又设计了五个任务，如表2.50。

表2.50  机械能及其守恒单元任务设计

| 核心任务 | 子任务 | 教材对应内容 |
|---|---|---|
| 研究机械能以及机械能守恒。 | 任务1：对功的再认识。 | 第1节：功和功率 |
|  | 任务2：研究重力势能及其功能关系。 | 第2节：重力势能 |
|  | 任务3：研究动能以及动能定理。 | 第3节：动能和动能定理 |
|  | 任务4：研究机械能的转化及其守恒。 | 第4节：机械能守恒定律 |
|  | 任务5：从实验角度验证机械能守恒定律。 | 第5节：实验：验证机械能守恒定律 |

3. 主题学情分析

3.1 在知识方面：学生知道做功的两个必要条件，会求两种特殊情况下力对物体做功；知道重力势能和动能的影响因素；掌握牛顿第二定律；掌握匀变速直线运动模型及其运动规律；会用实验的方法测量瞬时速度。

3.2 在学科方法方面：学生会把力进行正交分解；能用运动和相互作用的观念分析问题；实验时会采用图像法、列表法等多种处理数据。

3.3 在科学思维方面：通过前面自由落体运动的研究、万有引力定律的建立过程等的学习，学生有过建构模型–科学推理–科学论证–质疑创新的学习经验。

3.4 学生可能存在的困难：在"通过做功研究能量"的研究思路上接受起来会比较慢，因为前面的学习和研究都是在帮助学生建立运动和相互作用的观念，都是从运动和相互作用的角度研究物体的运动，本单元要让学生初步建立能量观念和守恒的观念，观念的建立和改变会比较困难。

4. 开放性学习环境

上课的环境：实验室；

虚拟环境：视频影像资源；

人文环境：有融洽的师生关系。

5. 单元学习目标（表2.51）

表2.51  机械能及其守恒单元学习目标

| 课标素养 | 学习目标 | 对应水平等级 |
|---|---|---|
| 物理观念 | 1. 经历"探究重力做功与重力势能变化的关系""探究弹力做功与弹性势能变化的关系""探究合外力与动能变化的关系"形成从做功的角度研究能量变化的思路。 | A4 |

续表

| 课标素养 | 学习目标 | 对应水平等级 |
| --- | --- | --- |
|  | 2.通过功能关系的探究,形成从功能关系的角度理解机械运动的能力。 | A4 |
|  | 3."通过理论探究和实验验证探究机械能的转化和守恒的问题"理解机械能的转化与守恒,能够从能量守恒角度理解机械运动。 | A4 |
|  | 4.通过探究功能关系、探究机械能守恒,逐步形成能量的观念。 | A4 |
| 科学思维 | 5.在探究"重力做功与重力势能变化关系、弹力做功与弹性势能变化关系、动能定理"以及探究"机械能守恒定律"中,学生经历模型建构、推理论证等思维过程,能够将微元、极限、类比等思想方法应用到探究过程中,进而发展科学思维。 | B4 |
| 科学探究 | 6."重力做功与重力势能的变化关系""弹力做功与弹性势能的变化关系""合外力对物体做功与动能变化的关系""机械能守恒的条件"的研究均是以科学探究的形式完成,能够应用已有知识对要研究的问题进行推理论证,对分析的结果能够进行解释交流,在这些过程中能有效地形成问题意识和证据意识。 | C3 |
|  | 7.实验验证机械能守恒定律的过程中,学生经历创设实验情境,设计实验方案,选择合适的方案实施,获取实验数据,通过图像法或者列表法处理实验数据,得出结论并且对实验误差做出评估和解释的实验探究的完整过程,培养学生的探究能力。 | C4 |
| 科学态度与责任 | 8.经历若干次的做功与能量转化关系的探究,体会科学探究的严谨性与系统性。 | D1 |
|  | 9.从理解"功是能量转化的量度"到认识"机械能守恒定律""能量守恒定律",了解人类认识能量的过程,体会人类对科学本质的追求精神。 | D2 |

6.单元教学过程(方案:以活动/任务为单位规划)(表2.52)

表2.52 机械能及其守恒单元教学过程

| 任务序号 | 时长 | 教学过程 |
| --- | --- | --- |
| 任务1:对功的再认识。 | 40分钟 | 子任务1:建立功的概念。<br>活动1:下列两种情况下力$F$对物体做了多少功?<br>问题1:初中学过做功的两个必要因素是什么?<br>活动2:物体m在与水平方向呈$\alpha$角的力$F$的作用下,沿水平方向向前行驶的距离为$l$,如图所示,求力$F$对物体所做的功。 |

093

续表

| 任务序号 | 时长 | 教学过程 |
| --- | --- | --- |
| | | 问题2：能不能把这种情况转化成上面两种特殊的情况？如何转化？用到什么方法？<br>问题3：在这个情境中除了$F$是矢量可以进行分解外，还有没有其他的处理方法？<br>问题4：以上两种分析方法得到的结论相同吗？能得到什么结论？<br>子任务2：理解正功、负功的含义？<br>问题1：此时力$F$对物体做正功还是负功？对物体的运动起到什么作用？<br><br>问题2：此时力$F$对物体做正功还是负功？对物体的运动起到什么作用？<br><br>子任务3：如何计算总功？<br>问题1：一个质量为150 kg的雪橇，受到与水平方向呈$\theta=37°$角斜向上方的拉力，大小为500 N，在水平地面上向右移动的距离为5 m。地面对雪橇的阻力为100 N（cos37°=0.8），求各力对雪橇做的总功。<br>问题2：能否求出雪橇受到的合力，然后利用合力求总功呢？求解的结果与上面的处理方法一样吗？<br>问题3：如何求解几个力对物体所做的总功呢？ |
| | 40分钟 | 子任务1：功率概念的建立。<br>活动1：用两台功率不同的电动机吊起相同质量的钩码。让两台起重机工作相同的时间，观察工作的结果？<br>问题1：在吊起钩码的过程中有什么相同点和不同点？<br>活动2：部分同学做了一项体能测试，以最快的速度从一楼爬到四楼，并且记录了每个测试者的质量和所用的时间。 |

| 任务序号 | 时长 | 教学过程 |
|---|---|---|

| 姓名 | 质量(kg) | 时间(s) | 重力（N） | 高度（m） | 功（J） |
|---|---|---|---|---|---|
|  |  |  |  |  |  |
|  |  |  |  |  |  |
|  |  |  |  |  |  |
|  |  |  |  |  |  |
|  |  |  |  |  |  |
|  |  |  |  |  |  |
|  |  |  |  |  |  |

问题1：如何比较这三位同学做功的快慢呢？
问题2：这三位又该如何比较呢？
问题3：功率描述的是做功的快慢，我们还学过其他描述快慢的物理量吗？那些物理量是怎么定义的？
子任务2：建立平均功率、瞬时功率的概念。
问题1：在光滑的水平桌面上放置一个质量为2 kg的物块，某人用20 N的水平力推动物块，试求：①2 s内推力的功率？②1 s内推力的功率？
问题2：为什么功率会不同呢？
问题3：我们计算出来的功率是什么功率？
问题4：那我们接下来再算0.5 s、0.1 s、0.01 s内的功率是多少？
问题5：这种极限思想我们在建立哪个概念时还用到过？
子任务3：功率和速度的关系？
问题1：一个水平面上的物体在 $F$ 的作用下，在时间 $t$ 内发生的位移为 $L$，已知作用力 $F$ 的方向和水平方向的夹角为 $\theta$，求：
　　（1）力 $F$ 所做的功？
　　（2）力 $F$ 的功率？
　　（3）功率和速度之间有什么关系？
子任务4：对 $P=Fv$ 的理解。
活动1：还是刚才的两台电动机。在两个电动机的转轴上套了大小相同的两个滑轮。当两台电动机接入的电压相同时，电动机最大输出的功率也是相同的。现在我们让两台电动机拉动重力不同的两组钩码，请大家观察两台电动机工作的情况有什么区别？
问题1：为什么两台电动机拉动的钩码重力不同，吊起的速度不同？
生：根据公式 $P=Fv$ 可知，当 $P$ 一定时，$F$ 越大，$v$ 越小。
活动2：先将坦克发动机的功率调节到一个适当挡位，让坦克在水平轨道上行驶，并保持发动机的功率不变，让坦克接着行驶到倾斜的轨道上。请仔细观察小车在运行过程中发生了什么变化？
问题2：为什么坦克在倾斜轨道上的速度明显小于在水平轨道上的速度？

续表

| 任务序号 | 时长 | 教学过程 |
|---|---|---|
|  |  | 活动3：这是一台同步电机，正常工作时转速是恒定的，最大的功率也是恒定的。在电动机的转轴上套了大小不同的两个滑轮。将需要吊起的钩码先套在大轮边缘的丝线上，开启电机，会发现根本拉不动。<br>问题3：在不改变功率的情况下怎样才能将钩码吊起呢？为什么？ |
| 任务2：研究重力势能及其功能关系。 | 40分钟 | 任务1：探究重力势能表达式。<br>活动1：用一个高的铁架台在同样高度悬挂大小相同的两个小球，一个是注水的乒乓球，一个是钢球，让学生的手正对小球放在地面上。释放两球，看学生的反应。<br>视频1：高空坠物实验。<br>视频2：水电站的视频。<br>问题1："高空坠物"和"水利发电"这两件看似不相关的事儿，有什么共同的特点？<br>提出猜想：你觉得重力势能的表达式应该包含什么量？<br>问题1：从什么角度探究重力势能（这种能量）的表达式？为什么？<br>问题2：为什么要研究重力做功呢？一个物体在运动时，可能有许多力对它做功，究竟哪个力的功与物体重力势能的变化直接相关呢？你能进行简单的分析论证吗？<br>问题3：请分析下面情况中重力对物体做的功。<br>问题4：请根据三个情境归纳重力做功的特点。<br>问题5：如何理解"位置"？必须是同一点吗？<br>问题6：审视等式 $W_G=mgh_1-mgh_2$，等号左边是重力的功，等号右边是两项之差。请你分析表达式 $mgh$ 什么含义？等式右边的什么含义？<br>问题7：分析下列问题中重力做功与重力势能的变化。<br>子任务2：深入理解重力势能。<br>问题1：利用前面的活动情境设计例题，分析例题。 |
| 任务3：研究动能及动能定理。 | 40分钟 | 子任务1：探究动能的表达式。<br>情境1：质量为 $m$ 的物体在光滑水平面上运动，在与运动方向相同的恒力 F 的作用下发生一段位移 $l$，速度由 $v_1$ 增加到 $v_2$。<br>问题1：分析这个过程中力对物体做的功？<br>问题2：根据研究重力势能的经验：重力做功最终可以写成两项相减的形式，两项相减我们判断为重力势能的差值，这个情境中能否把力对物体做功也表达成两项之差的形式？可以用哪些规律进行推导？为什么？<br>问题3：粗糙水平面上，质量为 $m$ 的物体，在与运动方向相同的恒力 F 的作用下发生一段位移 $l$，速度由 $v_1$ 增加到 $v_2$，已知阻力恒定为 $f$，试求这个过程中合外力做的功。<br>问题4：以上两个情境中合外力的功都可以写成两项相减的形式，这两项有可能是什么量的表达式？为什么做这样的推断？ |

续表

| 任务序号 | 时长 | 教学过程 |
|---|---|---|
|  |  | 子任务2：建立动能定理。<br>问题1：上述推导的等式的含义？<br>问题2：另外刚才的例子是恒力作用下的直线运动，功比较容易计算。如果物体做曲线运动或者物体受到外力时不断变化，动能定理依然成立吗？请分析说明。<br>子任务3：动能定理在解决问题过程中的步骤和优势。<br>例题：一架喷气式飞机，质量 $m$ 为 $7.0 \times 10^4$ kg，起飞过程中从静止开始滑跑。当位移 $l$ 达到 $2.5 \times 10^2$ m 时，速度达到起飞速度 80 m/s。在此过程中，飞机受到的平均阻力是飞机重量的 0.02 倍。求飞机平均牵引力的大小。<br>问题1：用动能定理和牛二定律、运动学公式两种方法求解，并将两种方法对比，说一说动能定理解决实际问题有哪些优势？ |
| 任务4：研究机械能的转化及其守恒。 | 40分钟 | 子任务1：定性分析动能势能相互转化的过程。<br>情境1：伽利略对接斜面实验。<br>问题1：小球向下运动时力势能到哪里去了？<br>问题2：小球向上运动时减少的动能到哪里去了？<br>问题3：发出弓箭的过程中什么能转化成什么能？<br>问题4：蹦床运动从下落到回到最高点的运动可以分成几个阶段？每个阶段都是什么能转化成什么能？<br>问题5：刚才的情境中有哪些形式的能发生了相互转化？通过哪些力做功实现的？<br>子任务2：机械能守恒定律——动能势能转化定量关系研究。<br>问题1：上面的这些情境中动能和势能的相互转化是否存在某种定量关系呢？<br>情境2：一个小球在真空中自由下落，另一个同样的小球在黏滞性较大的液体中由静止开始下落。它们都由高度为 $h_1$ 的地方落到高度为 $h_2$ 的地方。<br>问题1：在这两种情况下，重力做的功相等吗？重力势能的变化相等吗？<br>问题2：动能的变化相等吗？<br>问题3：重力势能各转化成什么形式的能？<br>情境3：在三种情境中研究动能与势能的转化定量关系。<br>问题1：求 $A$ 到 $B$ 的过程中重力做功？重力势能的变化？<br>问题2：求 $A$ 到 $B$ 的过程中动能的变化？<br>问题3：重力势能转化成什么形式的能？<br>问题4：通过四个情境的分析总结重力势能和动能转化过程中机械能守恒需要什么条件？ |

续表

| 任务序号 | 时长 | 教学过程 |
|---|---|---|
|  |  | 情境4：水平方向弹簧振子模型。<br>问题5：请分析说明在以上情境中动能与弹性势能转化过程中，机械能的总量变化吗？为什么？<br>子任务3：应用机械能守恒定律解决问题。 |
| 任务5：从实验角度验证机械能守恒定律。 |  | 子任务1：选定恰当的情境。<br>问题1：哪些动能与势能相互转化的情境中机械能守恒？<br>问题2：哪个实验情境更容易操作？<br>子任务2：确定实验研究思路？<br>问题1：原理分析？<br>问题2：需要测量哪些物理量？怎么测量？<br>问题3：物体的质量 $m$ 需要测量吗？<br>问题4：设计实验记录表格。<br>子任务3：分析实验误差。 |

## 7. 评价建议（表2.53）

表2.53　机械能及其守恒单元评价设计

| 需评价的任务 | 任务评价描述 ||||
|---|---|---|---|---|
|  | 评价内容 | 评价指标 | 评价方法<br>赋值方法 | 指向深度学习的特征及学习目标 |
| 任务1：对功的再认识。 | 推导功的表达式时能够分解力 $F$ 和位移 $l$？ | 1. 能够分解力 $F$，也能分解位移 $l$。<br>2. 只能分解力 $F$，不能理解分解位移 $l$。 | 根据学生的表述评价 | 联想与结构，评价学生合理运用功的公式以及力的正交分解的知识推导一般情况下用功的公式。 |
|  | 如何求解合理做功 | 1. 能够求各力做功，再代数求和；也知道求合力再求总功。<br>2. 能够求各个力做功再代数求和。<br>3. 知道求各个力的功，但是求功存在困难。<br>4. 知道求合力，但是求合力存在困难。 | 根据学生书面解答评价 | 联想与结构，评价学生合理运用数学知识推理论证的能力。 |
|  | 对于 $P=Fv$ 的理解 | 1. 能清楚分析出功率一定时，$F$ 与 $v$ 的关系。<br>2. 不能分析当电动机功率一定时，$F$ 较大，$v$ 较小。 | 根据学生对三个实验情境中的问题进行分析表述并评价 | 活动与体验：通过实验创设的情境让学生体会 $P=Fv$ 中三者之间的关系，并且体验物理规律与实际应用的联系。 |

续表

| 需评价的任务 | 任务评价描述 ||||
|---|---|---|---|---|
| | 评价内容 | 评价指标 | 评价方法赋值方法 | 指向深度学习的特征及学习目标 |
| 任务2：研究重力势能。 | 通过做功研究能量变化的研究方法。 | 1. 能从重力做功角度分析重力势能。<br>2. 能想到可以从功的角度研究能量，并且知道从哪个力做功分析重力势能。<br>3. 能想到可以从功的角度分析能量。<br>4. 不知道从什么角度分析能量。 | 课堂提问 | 本质与变式：重力势能研究方法本质上是"功是能量转化的量度"具体呈现。 |
| | 通过不同情境研究重力做功特点。 | 1. 能够研究三个情境下重力做功，并进行归纳。<br>2. 能计算直线情境下重力做功；但是不能对研究结果进行归纳。<br>不会计算重力做功。 | 根据学生书写和分析表达进行评价 | 本质与变式：概括重力做功的本质特征，为后面认识重力势能的本质奠定基础。 |
| | 课下：完成项目式作业——探究弹力做功和弹性势能。 | 1. 能够仿照研究重力势能的方法建立弹性势能表达式和功能关系。<br>2. 能够对弹簧弹力做功的结果进行解读，体会势能的重要特征。<br>3. 能够将通过面积求恒力做功的方法迁移到弹簧弹力做功的分析，即利用面积求变力功，但是不能进一步解读结果。 | 根据学生完成作业的情况进行评价 | 本质与变式：通过对另一种势能的研究，一方面体会势能的本质；另一方面体会能量研究方法的本质。 |
| 任务3：研究动能。 | 通过推导建立动能概念和动能定理。 | 1. 能够完成推导，并且对结果解读。<br>2. 能够完成推导，但是对结果理解不到位。<br>3. 不能完成推导。 | 课堂提问 | 联想与结构：通过演绎推理在原有知识的基础上建立新的知识并且实现知识的结构化。<br>本质与变式：体会研究能量的本质方法是相同的，实现学习方式的融会贯通。 |

续表

| 需评价的任务 | 任务评价描述 ||||
|---|---|---|---|---|
| | 评价内容 | 评价指标 | 评价方法赋值方法 | 指向深度学习的特征及学习目标 |
| 任务4：探究机械能转化以及守恒。 | 动能势能转化定量研究。 | 1. 能在多情境中用功能关系和动能定理完成对机械能守恒的论证研究。<br>2. 能在部分情境中用功能关系和动能定理完成对机械能总量守恒的分析论证。<br>3. 不能完成对该问题的分析论证。 | 课堂书写 | 联想与结构：根据功能关系推导出机械能守恒的条件，注重知识的生成和结构化。<br>本质与变式：知识的推导过程体现功能关系与机械能守恒定律本质上的统一与关联性。 |
| 任务5：从实验角度验证机械能守恒定律。 | 实验方案设计、操作、数据处理、结论、误差分析。 | 1. 能完成实验方案设计，并能选取恰当方案实施实验，获取数据，得出结论，并进行误差分析。<br>2. 能完成一些实验环节。 | 实验报告的书写 | 活动与体验：通过实验过程体会机械能守恒定律。 |

8. 反思性教学改进（选择）

9. 单元作业（选择）

10. 课时教学设计　单元中第3课时

10.1　课时教材分析

"重力势能"这一节的教学内容在本单元教学中的意义：

重力势能是第一次定量研究功能关系：不仅体现"功是能量转化的量度"的思想，还引导学生思考"什么力做功对应什么形式的能发生变化"，即初步建立功能关系的观念。

本单元是从能量视角研究机械运动，学生在本单元中对"功是能量转化的量度"的认识要从定性认识进入定量研究，在本单元中学生要完成如下的功能关系的探究，而重力势能这一课时的内容是本单元功能关系研究的起点，一方面为研究系统机械能守恒奠定基础，另一方面其研究的方法对本单元后续内容的学习具有引领和示范作用（图2.22）。

```
探究重力做功与重力势能变化的关系
         ⇓
探究弹簧弹力做功与弹性势能变化的关系
         ⇓
探究什么力做功会引起动能变化
         ⇓
探究系统机械能的转化与守恒问题
         ⇓
探究什么力做功会引起机械能发生变化
```

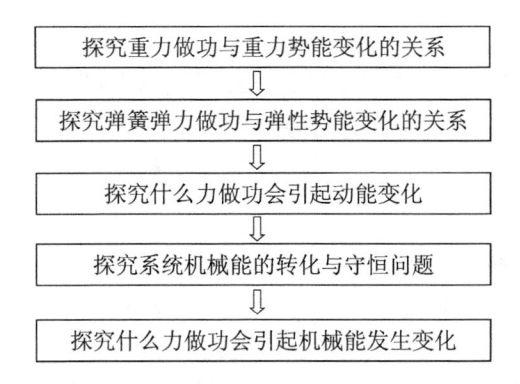

**图 2.22　重力势能课时在本单元教学中的地位分析**

重力势能这一节在"势能"学习中的作用分析：

关于势能的概念高中阶段要完成如下的学习（图 2.23）：

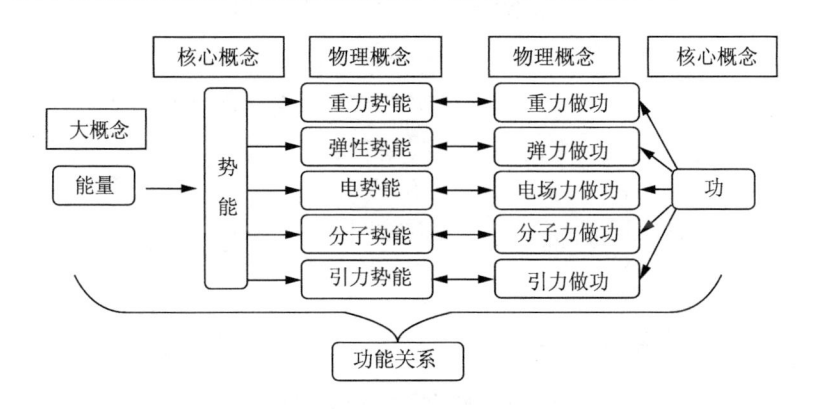

**图 2.23　重力势能课时在势能教学中的地位分析**

"重力势能"的学习是学生第一次建立势能的概念，这一节的研究方法对后续势能的学习具有重要意义。

### 10.2　课时学情分析

（1）知识基础

我校是海淀区的普通高中，目前高一学生在初三阶段经历了疫情期间居家网课学习的过程，中考物理又是选考科目，学生中还有部分生源是"3+1"的生源，没有经历中考过程，综合这几个客观因素，再结合我对学生的前期访谈，得到如下分析：

①关于功的认识。

知道功的两个必要因素，知道功的计算公式 $W=Fs$，但是对学习功的物理意义完全不了解。

②关于能量的认识。

接触过重力势能、动能的概念，知道影响重力势能和动能的因素，不知道定量关系。知道机械能包括重力势能和动能。

知道能量可以相互转化，但是不知道怎么转化。对于"功是能量转化的量度"的理解非常少。

（2）学习经验以及能力水平

学生在前面的学习中有应用极限、微元思想处理问题的经验，例如瞬时速度概念的建立、匀变速直线运动位移公式的推导过程等。

学生在前面的学习中了解科学探究的基本流程：例如伽利略对自由落体运动规律的探究过程，向心力的影响因素的探究。

因此学生初步具备应用科学方法进行科学探究的意识和能力。

（3）学生对机械运动认知的进阶发展（图2.24）

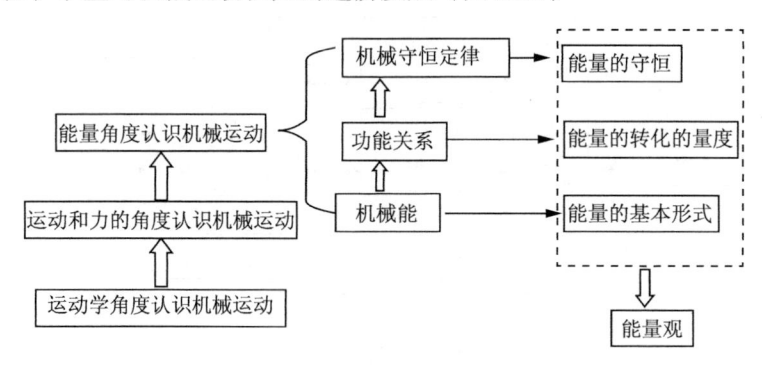

图 2.24　机械运动认知的进阶发展

（4）学生可能遇到的困难

①学生对于"通过做功来建立能量概念"的研究方法会比较难以适应。

②学生对于势能的相对性、系统性的理解会存在难度。

10.3　课时学习重点

（1）研究重力势能表达式的方法

（2）重力做功的特点

（3）重力势能的概念

（4）重力做功与重力势能变化的关系

10.4　课时学习难点

重力势能概念的理解。

10.5　开放性学习环境

10.6　课时学习目标

(1) 通过不同路径重力做功的分析，归纳出重力做功的特点，培养学生的归纳分析能力，体会极限、微元法在分析问题中的作用。

(2) 通过探究重力做功的特点得出重力势能的表达式，以及重力做功与重力势能变化的关系，培养学生的科学推理能力和科学论证能力，培养学生从功的角度研究能量的方法，定量体会功能关系，初步培养学生的能量观念。

(3) 通过创设情境，知道重力势能的大小与参考平面的选取有关，即重力势能具有相对性，但重力势能的变化量与参考平面的选取无关。

(4) 知道重力势能是物体和地球系统所共有的。

10.7 课时学习过程（表 2.54）

表 2.54 重力势能课时学习过程

| 任务 | 教学过程描述（按照任务或者活动的基本环节描述） |
| --- | --- |
| 任务1：探究重力势能表达式。 | 第一环节是提出本节课要研究的课题。<br>这里利用一个活动和两个视频，引出本节课要研究的问题：探究重力势能的表达式并深入理解重力势能。<br>活动1：用一个高的铁架台在同样高度悬挂大小相同的两个小球，一个是注水的乒乓球，一个是钢球，让学生的手正对小球放在地面上。释放两球，看学生的反应。<br>视频1：高空坠物实验。<br>视频2：水电站的视频。<br>问题1："高空坠物"和"水利发电"这两件看似不相关的事儿，有什么共同的特点？<br>第二环节是构建研究的思路，并且对研究思路进行论证。<br>提出猜想：你觉得重力势能的表达式应该包含什么量？<br>确定研究角度：<br>问题1：从什么角度探究重力势能（这种能量）的表达式？为什么？<br>问题2：为什么要研究重力做功呢？一个物体在运动时，可能有许多力对它做功，究竟哪个力的功与物体重力势能的变化直接相关呢？你能进行简单的分析论证吗？<br>第三环节是探究重力做功特点，通过对三个情境中重力做功的分析，归纳得出重力做功的特点。<br>问题1：请分析下面三种情况中重力对物体做的功？ |

续表

| 任务 | 教学过程描述（按照任务或者活动的基本环节描述） |
|---|---|
| | 问题2：请根据三个情境的归纳重力做功的特点？<br>问题3：如何理解"位置"？必须是同一点吗？<br>第四环节是解读上面探究的结果，进一步得出重力势能表达式。<br>问题1：审视等式 $W_G=mgh_1-mgh_2$，等号左边是重力的功，等号右边是两项之差。请你分析表达式 $mgh$ 什么含义？等式右边是什么含义？<br>问题2：分析下列问题中重力做功与重力势能的变化（$g=10$ m/s$^2$）<br>（1）高空坠物实验的视频中，240 g的水瓶从30 m的高处落下，重力做了多少功？重力势能变化了多少？<br>（2）在前面实验中将质量为200 g的钢球提高1 m，重力做了多少功？重力势能变化了多少？ |
| 任务2：深入理解重力势能。 | 通过创设情境，深入理解重力势能的相对性和系统性，重力势能变化的绝对性。<br>问题1：利用前面的活动情境设计例题，分析例题。<br>1. 如图所示，质量为0.4 kg的小球，位于桌面以上 $h=1.2$ m的A点，桌面高 $h_1=0.8$ m，求小球的重力势能。<br>教师引导：<br>重力势能具有相对性：<br>（1）重力势能是相对于某一个参考平面，在这个参考平面上，重力势能为0。<br>（2）在确定计算重力势能时必须先要确定参考面。<br>（3）参考平面的选取视研究问题的方便而定，通常选择地面为参考平面。<br>2. 将例题引申：我们以桌面为参考平面，分别计算出小球在A点和落到地面上的B点时的重力势能。<br>追问：重力势能为"负"表示什么含义？<br>重力势能的正负含义：重力势能是标量，只有大小没有方向，正号表示物体在参考平面的上方；负号表示物体在参考平面的下方。<br>3. 将例题再次引申：若小球从A点下落到地面的B点，请分别以地面和桌面为参考面，求小球下落过程中重力势能的变化。<br>教师强调：在与重力势能相关的问题中，有价值的是重力势能的差值，而重力势能差值与参考平面的选取无关。<br>重力势能的变化与零势能面的选取无关，具有绝对性，事实上在与重力势能相关的问题中，有价值的是势能的差值。<br>4. 深入理解重力势能的系统性：<br>教师引导：重力势能跟重力做功密切相关，而重力是地球与物体间的引力作用；没有地球对物体的引力作用就没有重力势能，因此重力势能为地球与物体所共有。平常所说的"某一物体"的重力势能，只是一种习惯的简化说法。 |

## 10.8 板书设计

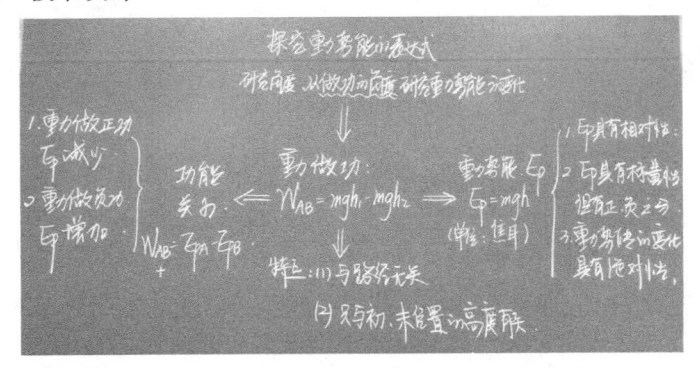

## 10.9 课时作业

本课时作业设计:"探究:弹簧弹性势能表达式"

问题的提出:物体发生弹性形变时,如卷紧的发条、拉伸或者压缩的弹簧,拉弯的弓,正在击球的网球拍或者羽毛球,正在支撑运动员上跳的撑竿等,它们都要因为恢复原状而对与它接触的物体产生力的作用,这就是弹力。

(1)弹力对物体所做的功怎样计算?

(2)弹力的功是否也与某种势能相关联?

问题的研究:

(1)如下图所示是物体在恒力 $F$ 作用下的力——位移图像,横坐标表示位移 $x$,纵坐标表示在位移方向上的力 $F$,请分析力 $F$ 对物体做的功 $W$?

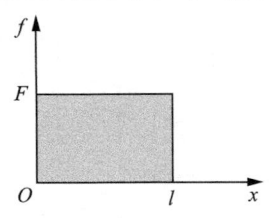

(2)如下图所示,将劲度系数为 $k$ 的轻弹簧一端固定,另一端系一个质量为 $m$ 的物体,弹簧水平放置,物体处在光滑水平面上。$O$ 点为弹簧原长时物体的位置,用手把物体拉到 $P$ 点,弹簧伸长为 $x_2$,然后释放,物体将从静止开始在弹簧弹力作用下加速运动,请分析物体从 $x_2$ 运动到 $x_1$ 的过程弹力做功?

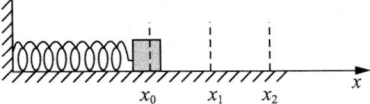

（3）请你分析弹力做功的表达式，能否找到一个具有特殊意义的物理量？这个物理量与弹力做功有什么关系？与弹簧形变量什么关系？这个物理量符合势能的特征吗？（势能：相互作用的物体凭借其位置而具有的能量）

10.10 教学反思与改进

（1）本课时的学习活动设计以"研究重力势能表达式"为载体，体现"通过做功研究能量变化"的思想方法。通过研究得出重力做功与重力势能变化的功能关系，让"功是能量转化的量度"这句话在学生头脑中具体起来，取得较好的效果。

（2）本课时在第二个子任务的学习活动设计上依托前面的实验展开，也让学生在体验中完成了对重力势能的深入理解。

（3）受限于本课时的研究内容，本课时的学习活动的形式略显单一，以创设情境理论推导，分析归纳为主要形式，可以查阅更多的资料，看看是否可以设计更加丰富的学习活动，调动学生更广泛的经验完成对学习内容的研究。

作者：田立元

## 案例三

1. 主题名称：生活中的力
2. 主题概述
2.1 核心概念：力（图 2.25）

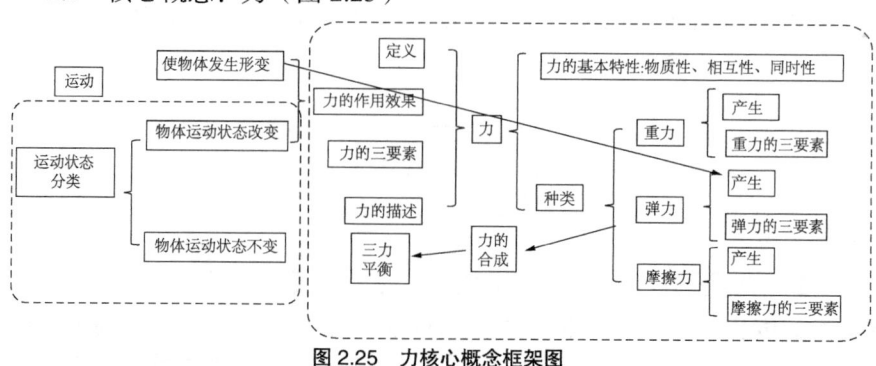

图 2.25 力核心概念框架图

2.2 内容结构

本单元以三种力为核心知识，从力的三个要素入手研究重力、弹力和摩擦力，深化学生对三种力的概念的理解及重力与质量的关系等规律的掌握，加深学生对"力和运动"关系的理解。

## 2.3 呈现方式

通过任务驱动教学，整个单元有一个核心任务：如何描述生活中的力，在这个核心任务之下又设计了五个任务，如表 2.55。

表 2.55 生活中的力核心任务与子任务的设计

| 核心任务 | 子任务 | 课时 | 教材对应内容 |
| --- | --- | --- | --- |
| 如何描述生活中的力？ | 任务 1：如何描述物体间的相互作用？ | 1、2 | 7.1 力 |
| | 任务 2：如何描述弹力、如何测量力的大小？ | 3 | 7.2 弹力、力的测量 |
| | 任务 3：如何描述重力、探究重力大小与质量关系？ | 4 | 7.3 重力 |
| | 任务 4：探究物体处于平衡态时受力特点。 | 5 | 7.5 二力平衡 |
| | 任务 5：如何描述摩擦力、探究摩擦力的大小与什么有关？ | 6、7 | 7.6 探究摩擦力大小与什么有关 |

3. 主题学情分析

在知识方面：对于力的知识学生有很多感性认识，但停留于粗略的观察和生活经验，只是看到了表面的现象，没有经过深入的分析导致一些认识是零碎的、肤浅的，有的甚至是错误的，在形成三种力的概念时经历感知、描述、测量、分析等认识过程，来达到逐渐深化的过程。

在学科方法方面：学生经历半年的初二物理学习，初步掌握了控制变量研究方法。

在科学思维方面：学生学习过点光源、光线、薄透镜等研究对象的理想化模型，学习过匀速直线等运动过程的理想化模型。

学生可能会在如下几方面存在学习障碍：（1）存在很多错误的前概念：认为"只有接触才会有力的作用，物体间力的作用不是相互的，相互作用力大小不相等如地球吸引物体的力大于物体吸引地球的力、相互作用力有先后之分、踢出的足球能继续向前滚动是因为受到了向前的冲力、推桌子不动是由于推力小于摩擦力、摩擦力总是阻碍物体运动、摩擦力的大小与速度有关"等。（2）弹力方向比较抽象，判断时有困难。（3）应用控制变量法设计探究方案。（4）应用运动和力知识解决实际问题。

4. 开放性学习环境

上课的环境是在教室和实验室，有融洽的师生关系和学生组成的学习小组。

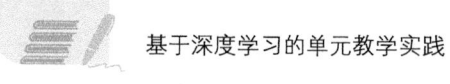

## 5. 单元学习目标（表 2.56）

表 2.56 生活中的力单元学习目标

| 课标素养 | 学习目标 | 对应水平等级 |
| --- | --- | --- |
| 物理观念 | 1. 通过搜集大量实例，分析概括得出力的概念。<br>2. 知道物体间力的作用是相互的，形成相互作用观念。<br>3. 通过观察日常物品的形状变化，知道弹力是由于物体发生弹性形变而产生的力。<br>4. 通过对日常物品运动情况的观察分析，感受重力的存在，知道重力是由于地球的吸引而产生的力。<br>5. 能正确表述出一对平衡力"大小相等、方向相反、作用在同一物体上、同一直线上"的特点。<br>6. 能正确区分平衡力与相互作用力的区别与联系。<br>7. 通过观察日常现象，分析、感知摩擦力的存在，了解摩擦现象存在的普遍性。 | A2 |
| 科学思维 | 8. 能对实例进行分析，概括出相互作用力的特点，具有证据意识。<br>9. 能对实例进行分析，概括出力的作用效果，知道力的作用效果可以使物体发生形变或使物体的运动状态发生改变。<br>10. 能用力的示意图方法描述力，认识研究问题的方法。<br>11. 通过探究摩擦力大小与什么有关，体会控制变量的思想和方法。<br>12. 尝试用相互作用观念去解释有关现象和解决实际问题。<br>13. 会用二力平衡的条件解决简单的问题，提升解决实际问题的能力。 | B2 |
| 科学探究 | 14. 观察生活中的现象能提出问题。<br>15. 经历猜想假设、能自主设计探究如重力大小与质量关系、二力平衡条件、摩擦力大小与什么有关的实验方案。<br>16. 通过探究形变量与拉力大小关系，知道弹簧测力计原理。<br>17. 能动手实验收集重力与质量的关系数据，用图像法分析数据，得出重力与质量的关系，提高分析概括能力和处理信息能力，能基于证据得出结论。<br>18. 通过对摩擦力大小与什么有关的实验结果进行交流、评估实验过程、反思改进实验。 | C2 |
| 科学态度与责任 | 19. 通过参与对力的概念和力的作用效果的交流，乐于探索日常生活中的物理学道理，能主动与他人合作，有克服困难的信心和决心。<br>20. 通过举例增大有益摩擦和减小有害摩擦的方法，体会科学技术对于社会的发展和人类生活的影响。<br>21. 通过思考"假如世界没有摩擦"，知道摩擦力的利与弊，意识到摩擦力具有两面性。<br>22. 通过对"磁悬浮列车"等科技成果的了解，增强民族自豪感。 | D1 |

## 6. 单元教学过程(方案:以活动/任务为单位规划)(表2.57)

表2.57 生活中的力单元教学过程

| 任务序号 | 时长 | 教学过程 ||
|---|---|---|---|
| | | 子任务 | 活动及问题 |
| 任务1:如何描述物体间相互作用? | 80分钟 | 子任务1:形成力的概念。引导学生归纳出力的概念:力是一个物体对另一个物体的作用,力的作用是相互的。 | 活动1:展示生活中的图片:(1)运动员举杠铃(2)人拉车(3)人提包(4)人推车(5)人拉弹簧。<br>问题1:这些画面有什么共同特点?什么是力呢?力是什么形状、什么颜色?好描述力吗?小组讨论。<br>问题2:一个物体能否产生力?<br>问题3:不接触的物体之间可以产生力吗?<br>活动2:演示:磁铁吸引铁钉。<br>活动3:用力拍桌子一下,有什么感受?说明什么?生活中有哪些应用? |
| | | 子任务2:归纳力的作用效果。 | 问题4:力产生哪些效果?<br>活动4:展示:物体受力发生形变的实例和体育运动中的各种情境,分析力的作用效果。 |
| | | 子任务3:归纳出影响力的作用效果的因素。 | 问题5:哪些因素会影响力的作用效果?请猜想。<br>活动5:演示实验:拉弹簧与压弹簧、用不同大小的力拉弹簧、改变作用点两次用扳手拧螺丝。 |
| | | 子任务4:如何描述一个力? | 问题6:如何描述力的大小?<br>活动6:介绍牛顿的资料、介绍力的单位。<br>活动7:介绍力的图示和示意图法。 |
| 任务2:如何描述弹力?如何测量力? | 40分钟 | 子任务1:建立弹力的概念,感知弹力的存在,描述弹力的作用点和方向。 | 活动1:拿出钢尺放在桌边,压弯发生形变,松手反弹恢复原状;用力捏橡皮泥发生形变,松手后不会恢复原状。<br>问题1.什么是形变?弹性形变和塑性形变有什么区别?<br>活动2:书放在讲桌上,观察书是否发生形变?<br>问题2:书和桌面之间有相互作业力吗?如何判断?什么是弹力?生活中哪些属于弹力?<br>活动3:用细绳将小球悬挂在铁架台上。<br>问题3:悬线对小球是否有力的作用?方向向哪? |
| | | 子任务2:描述弹力的大小。 | 活动4:定性探究弹簧形变量与弹力大小的关系:用手拉伸弹簧,观察弹簧受到不同大小拉力时的形状改变情况,撤去拉力观察弹簧的形状恢复情况。逐渐增大拉力,当弹簧被拉直后,撤去拉力再观察弹簧的形状恢复情况,引出弹性限度、形变量。<br>问题4:弹力的大小与什么有关?一起归纳得出。 |
| | | 子任务3:了解弹簧测力计的原理并能正确使用。 | 问题5:如何测量力的大小?<br>活动5:发给每个学生一个弹簧测力计,让学生观察弹簧测力计,并说出他们获得了哪些信息。 |

续表

| 任务序号 | 时长 | 教学过程 ||
|---|---|---|---|
| | | 子任务 | 活动及问题 |
| 任务3：如何描述重力？ | 40分钟 | 子任务1：建立重力的概念，感知重力的存在，描述重力方向。 | 活动1：演示下落的物体、上抛的物体、斜抛的物体。<br>问题1：为什么都落向地面？它们受什么力？引出重力概念。<br>问题2：重力的方向是怎样的？ |
| | | 子任务2：描述重力的大小。 | 问题3：如何测量重力的大小？重力大小与质量有什么关系？<br>活动2：探究重力与质量大小的关系。<br><br>\| \| 1 \| 2 \| 3 \| 4 \| 5 \| 6 \|<br>\|---\|---\|---\|---\|---\|---\|---\|<br>\| $m$/kg \| \| \| \| \| \| \|<br>\| $G$/N \| \| \| \| \| \| \|<br>\| $\frac{G}{m}$/(N/kg) \| \| \| \| \| \| \|<br><br>分析数据和图像，得出重力和质量成正比的关系，确定比例系数，最终得出 $G = mg$。 |
| | | 子任务3：描述重力作用点。 | 活动3：利用刻度尺、笔等物品。要求用手指支撑，使物体在手指上平衡。<br>问题4：重力作用点在哪？ |
| 任务4：探究二力平衡的条件。 | 40分钟 | 子任务1：建立平衡状态概念。 | 活动1：展示生活中物体运动的图片。<br>问题1：生活中哪些物体运动状态是改变的？哪些物体运动状态不变？<br>问题2：什么是平衡状态？什么是二力平衡状态？一对力满足什么条件就能平衡？请猜想。 |
| | | 子任务2：二力平衡状态的条件。 | 活动2：探究：二力平衡条件。<br>问题3：如何设计实验？应该观察什么？研究水平方向的两个力还是竖直方向的两个力好？如何显示两个力的大小？用两只手拉弹簧测力计不稳定怎么办？如何改进实验？ |

续表

| 任务序号 | 时长 | 教学过程 ||
|---|---|---|---|
| | | 子任务 | 活动及问题 |
| 任务5：如何描述摩擦力？ | 80分钟 | 子任务3：一对平衡力与一对相互作用力的区别和联系。 | 问题4：物理书放在水平桌面上，下列属于一对平衡力的是（ ）<br>A. 物理书所受的重力　B. 物理书对桌面的压力<br>C. 桌面对物理书的支持力　D. 地面对桌子的支持力 |
| | | 子任务1：建立摩擦力的概念，感知摩擦力的存在，描述摩擦力的方向。 | 活动1：展示生活中有关摩擦的图片，介绍摩擦力的种类。<br>问题1：滑动摩擦力方向是怎样的？<br>用两个毛刷一上一下相对运动，观察刷毛的倾斜方向，分析总结摩擦力的方向。 |
| | | 子任务2：描述摩擦力的大小。 | 活动2：创设情境，提出问题：摩擦力大小与什么有关？<br>活动3：探究滑动摩擦力大小与压力的关系。<br>活动4：探究滑动摩擦力大小与粗糙程度的关系。<br>活动5：探究滑动摩擦力大小与物体运动速度的关系。<br>活动6：评估与改进实验。 |
| | | 子任务3：增大减小摩擦力的方法。 | 问题2：如何增大或减小摩擦力？ |

7. 评价建议（表2.58）

表2.58　生活中的力单元评价设计

| 需评价的任务 | 任务评价描述 ||||
|---|---|---|---|---|
| | 评价内容 | 评价指标 | 评价方法赋值方法 | 指向深度学习的特征及学习目标 |
| 任务1：如何描述物体间的相互作用。 | 1. 一个物体能否产生力？<br>2. 不接触的物体之间可以产生力吗？<br>3. 力产生哪些效果？<br>4. 哪些因素会影响力的作用效果？ | □表述清晰完整，有自己的独特见解。<br>□表述清晰但不完整。 | 课堂提问 | 有与同伴交流合作、合理解释的能力。 |
| 任务2：如何描述弹力、如何测量力。 | 1. 能否设计一个实验探究弹簧形变量与弹力大小的实验？<br>2. 能规范使用弹簧测力计。 | □能设计实验方案，并能合理解释现象。<br>□能在和同伴交流后设计实验方案。<br>□能正确使用弹簧测力计。 | 根据实验过程 | 迁移与应用，评价学生能否设计实验，并能合理解释现象。 |

续表

| 需评价的任务 | 任务评价描述 ||||
|---|---|---|---|---|
| | 评价内容 | 评价指标 | 评价方法赋值方法 | 指向深度学习的特征及学习目标 |
| 任务3：如何描述重力。 | 能否设计实验探究重力与质量大小的关系？ | □能规范使用弹簧测力计，设计出探究重力与质量大小的关系实验方案，并获得数据，会分析论证。<br>□能基本获得数据，但不能得出结论。 | 根据实验过程和结果评价 | 活动与体验，评价学生能否设计探究重力与质量大小的关系实验，并能对实验数据分析论证。 |
| 任务4：探究二力平衡的条件。 | 能设计实验探究一对平衡力的关系。 | □能小组合作设计并完成实验，并对实验数据会分析得出结论。 | 根据实验过程 | 活动与体验，评价学生在实验过程中与同伴交流合作能力。 |
| 任务5：如何描述摩擦力。 | 能设计实验探究滑动摩擦力大小与什么有关。 | □能设计出探究滑动摩擦力大小与压力、粗糙程度、速度关系的实验方案，并获得数据，会分析论证，能对实验方案进行改进。<br>□能基本获得数据，但误差较大，不能得出结论。 | 根据实验过程和结果评价 | 活动与体验，评价学生能否设计实验，并对实验数据分析论证，改进实验方案，提升思维能力。 |

## 8. 课时教学设计　　单元中第7课时

### 8.1　课时教材分析

本节教学为单元大任务中三种力之一——摩擦力如何描述，要想描述清楚，需要分析摩擦力产生原因、方向、大小，内容多分为两个课时：第一课时学习了摩擦力的分类，产生的原因和滑动摩擦力的方向，在教学中，要注重设计学生的体验活动和学生容易观察的由于物体运动而在物体的表面上产生阻碍作用的直观现象，把教学建立在学生体验和观察的基础上，教会学生以学习方法。第二课时重点突破如何描述滑动摩擦力的大小，与哪些因素有关，引导学生经历探究的七个环节：提出问题、猜想与假设、制订计划与设计实验、进行实验与收集数据、分析与论证、评估、交流与合作，在探究的过程中会遇到一些困难，改进实验方案，提高实验探究能力，进一步应用控制变量法，在分析数据的过程中培养证据意识，能评估并使用证据对问题进行描述、解释，能基于证据和推理发表自己的见解。

### 8.2　课时学情分析

知识上，学生对摩擦现象有着丰富的感性认识，经过对单元前几节内容的学习，学生对于"力"的概念日渐熟悉，生活中的大量经历也让学生对摩擦力的概念并不陌生，学习了"二力平衡"为测量滑动摩擦力做好了铺垫。

方法上，已经初步掌握了控制变量方法，有利于设计探究滑动摩擦力大小与什么有关的实验方案。可能存在的困难：在探究实验过程中弹簧测力计示数的不稳定，在探究中出现比较大的误差，得不到预期的实验结果。

### 8.3　课时学习重点

探究滑动摩擦力与哪些因素有关对实验方案的设计进行引导，使学生顺利完成实验并能够分析归纳出实验结论。在探究滑动摩擦力大小的影响因素的实验上，通过完整的探究过程提升学生的探究水平，并认识滑动摩擦力大小与压力大小和接触面粗糙程度有关。

### 8.4　课时学习难点

在进行实验时学生就会发现实验方案有很多可能造成误差的因素，如：桌面不一定水平、拉力是否能够保持水平匀速、弹簧测力计最好竖直向上且在测力计静止时读数。最终的实验方案不要直接呈现给学生，让学生体会在逐步完善实验方案的过程中，对于不同实验方案优劣的交流与评价，提升学生交流与评价的能力。

### 8.5　开放性学习环境

上课环境是实验室。

### 8.6　课时学习目标（表2.59）

表2.59　摩擦力课时学习目标

| 主题学习目标 | 课时学习目标 | 对应关系说明 |
| --- | --- | --- |
| 形成相互作用观 | 通过观察日常现象的分析感知摩擦力的存在，体会摩擦现象存在的普遍性，通过学习摩擦力进一步提升相互作用观念。 | 目标7 |
| 培养科学思维能力 | 通过探究滑动摩擦力跟物体表面受到的压力以及接触面粗糙程度的关系，体会控制变量的思想和方法。 | 目标11 |
| 提升科学探究能力 | 1. 动手做有关摩擦的实验，感受摩擦力大小并能提出问题，学会把大的问题分解成几个小的可探究问题。<br>2. 经历猜想假设过程，学习应用控制变量法控制实验条件，提升设计实验的能力。<br>3. 通过对摩擦力大小与什么有关的实验结果进行交流、评估，提高反思能力，尝试改进实验方案。 | 目标14、15、18 |

续表

| 主题学习目标 | 课时学习目标 | 对应关系说明 |
|---|---|---|
| 增强科学态度与责任 | 1. 通过举例增大有益摩擦和减小有害摩擦的方法，体会科学技术对于社会的发展和人类生活的影响。<br>2. 通过思考"假如世界没有摩擦"，知道摩擦力的利与弊，体会摩擦力的两面性。<br>3. 通过对生活中摩擦现象的讨论，培养信息交流、语言表达的能力，提升探究自然现象和日常生活中的物理原理的兴趣。<br>4. 通过对"磁悬浮列车"等科技成果的了解，增强民族自豪感。 | 目标 20、21、22 |

## 8.7 课时学习过程（表 2.60）

表 2.60 摩擦力课时学习过程

| | 教学过程描述（按照任务或者活动的基本环节描述） |
|---|---|
| 任务：描述摩擦力的大小 | 活动 1：创设情境，提出问题。<br>对比实验：将手轻按/重压在桌面上滑动，体会手的感觉；两次有什么感受？你能提出什么可探究的科学问题？<br>——摩擦力大小与压力是否有关？<br>行车刹车后为什么很快停下来？拧不开瓶盖时，为什么垫上毛巾就容易拧开？滑动摩擦力还可能与什么因素有关？<br><br>活动 2：探究滑动摩擦力大小与压力关系。<br>分析这个实验的自变量、因变量、控制不变的量。<br>（1）如何改变木块对接触面的压力大小？<br>（2）摩擦力的大小如何测量？<br>进行实验，收集证据。<br><br>| 压力施力物体 | 压力情况 | 弹簧测力计示数 | 摩擦力大小 |<br>|---|---|---|---|<br>| 木块 | | | |<br>| 木块 +2 个钩码 | | | |<br>| 木块 +4 个钩码 | | | |<br><br>活动 3：探究滑动摩擦力大小与接触面粗糙程度关系。<br>分析这个实验的自变量、因变量、控制不变的量。<br>（1）如何改变木块与接触面的粗糙程度？<br>（2）如何控制压力和受力面积不变？<br>进行实验并收集数据。<br><br>| 接触面 | 接触面情况 | 弹簧测力计示数 | 摩擦力大小 |<br>|---|---|---|---|<br>| 木–木 | | | |<br>| 木–毛巾 | | | | |

续表

| 教学过程描述（按照任务或者活动的基本环节描述） |
|---|
| 活动4：探究滑动摩擦力大小与物体运动速度关系。<br>分析这个实验的自变量、因变量和控制不变的量。<br>（1）如何改变速度？<br>（2）如何控制压力和接触面粗糙程度不变？<br>进行实验并收集数据。<br><br>| 速度情况 | 弹簧测力计示数 /N | 摩擦力大小 /N |<br>\|---\|---\|---\|<br>\| 小 \| \| \|<br>\| 大 \| \| \| |
| 活动5：评估和改进实验。<br>实验中如何保证木块匀速运动？测力计移动过程中测量摩擦力有很多不便，实验应该如何改进？ |

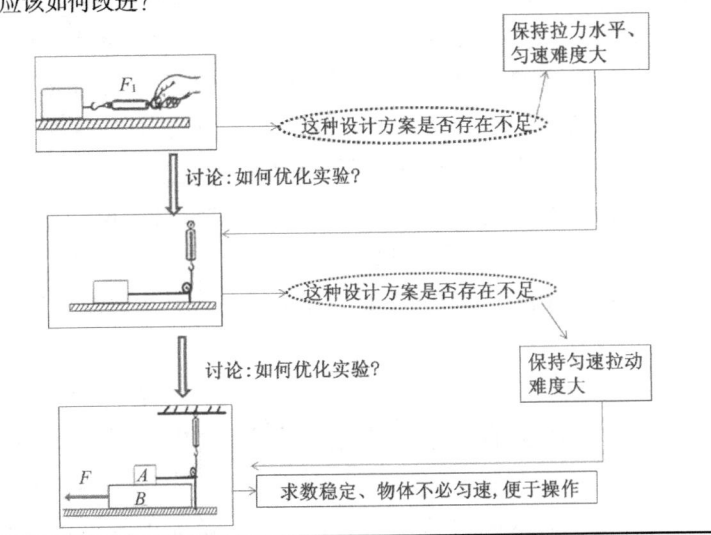

## 8.8 板书设计

探究滑动摩擦力大小与什么有关。

（1）猜想。

（2）设计实验。

| | 影响因素 | 探究一 | 探究二 | 探究三 | 探究四 |
|---|---|---|---|---|---|
| 滑动摩擦力 | 压力 | 变 | 不变 | 不变 | 不变 |
| | 粗糙程度 | 不变 | 变 | 不变 | 不变 |
| | 速度 | 不变 | 不变 | 变 | 不变 |
| | 受力面积 | 不变 | 不变 | 不变 | 变 |

### 8.9 课时作业

（1）举例增大有益摩擦和减小有害摩擦的方法。

（2）写一篇小短文——"假如世界没有摩擦"。

### 8.10 教学反思与改进

本课时大任务是描述摩擦力，在摩擦力的三要素中，摩擦力大小是重要任务，先让学生动手在桌子上推，感受摩擦力存在，通过分析生活中的实例引发思考：摩擦力的大小可能与什么有关，通过猜想假设、设计实验、收集证据、分析论证得出结论，在评估交流环节学生回顾实验，感受到在用弹簧测力计匀速拉动的过程中，不易操作观察和读数，进一步思考如何改进实验，通过演示木板在传送带上摩擦力与速度无关的实验，促使学生分析得出木块静止不动拉动下面的毛巾或者木板也可以测出摩擦力，便于操作，提升了学生思维能力。整节课使学生经历探究的七个环节，体现了由生活走向物理，由物理走向社会的思想，形成物理观念——相互作用和运动观。教学中也存在很多不足之处，比如分析如何改变压力前应该让学生明确研究对象分析受力等，还有很多值得研究的，接下来不断尝试进行单元设计，多研究课标，用好教材，根据学生情况定好学习目标，围绕目标设计好评价。为了更好地引发学生思考，要创设好的情境和设计好问题，做合理的铺垫，多研究学生的前概念和思维特点，通过设计有挑战性任务，提升学生思维能力。

作者：曹藏文

## 第四节 以"大情境"引领的单元教学设计

核心素养发展是以情境作为载体的，单元教学设计需要联系实际创设"大情境"。这里的"情境"即"问题情境"，指的是真实的问题情境，是以问题或者任务为中心构成的活动场域。所谓联系实际创设大情境，是指在简化、剪辑与凝练人们的生产生活实践或者学生的学习探索实际情况基础上，设置适合学生学习、具有较大程度的综合性、与大量物理知识相关的问题情境。

### 案例一

1. 主题名称：水中逃生——探究汽车落水后人的逃生方案

2. 主题概述

2.1 核心概念：压强（图 2.26）

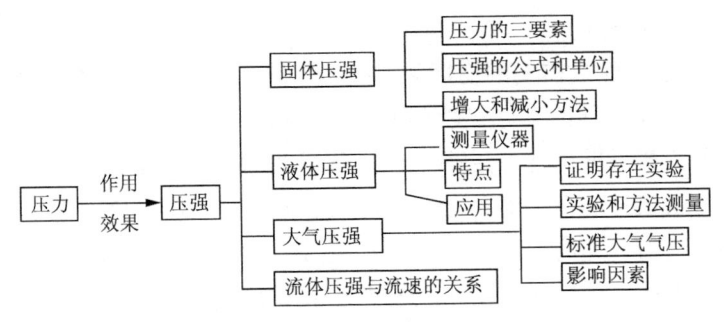

图 2.26 压强单元核心概念框架图

## 2.2 内容结构

本主题以压强为核心知识，从学科素养发展的角度看，本单元知识内容对学生的综合能力要求很高，希望通过本单元的学习，可以使学生在逻辑推理能力、分析能力等方面有很大的提升；从科学探究方面来看，本单元注重强调过程的体验，科学方法的学习、探究能力的培养，希望通过设置大量科学探究活动，由探究得出重要概念和规律，从而提升学生的科学探究能力；从科学思维方面看，本单元"液体压强公式推导""连通器原理""大气压的精确测量"都需要用到"假想液片法"，可引导学生建立对"建模"思想的认识。

## 2.3 呈现方式

通过任务驱动教学，本主题在研究教学内容和课标的基础上，重组、整合教学内容，通过设置一个真实的大任务情境贯穿统领全章，将核心概念与具体概念设计成深度问题或者挑战性活动，让学生在体验解决实际问题的过程中构建知识，学生能够积极主动地、批判性地进行学习，并能够以新情境中的迁移为导向从而实现知识的内化和高阶思维能力的发展。根据本单元学习内容及学生的学习情况，结合近期社会热点新闻，确定"水中逃生——探究汽车落水后人的逃生方案"为单元大任务，又设置了四个小任务，如表2.61。

表 2.61 压强单元核心任务和子任务设计

| 核心任务 | 子任务 | 教材对应内容 |
| --- | --- | --- |
| 汽车落水后1~2分钟内将完全沉没，要逃离险境就必须把握这宝贵的逃生时间，迅速根据实际情况做出正确决策。无法打开车门的情况下怎样破窗？是什么力量在阻止你打开车门？如果没有合适的工具破窗又该如何逃生？ | 任务1：如何破窗逃生？ | 第1节：压强 |
| | 任务2：如何打开车门逃生？ | 第2节：液体压强 |
| | 任务3：宇航员在太空中打开舱门，同样非常的困难，大气压强存在吗？你能测出地球附近的大气压强数值吗？ | 第4节：大气压强 |
| | 任务4：台风来临，农村一些房屋的屋顶会被掀翻，巨大的力量来自哪里？ | 第7节：流体压强与流速的关系 |

### 3. 主题学情分析

八年级学生经过前期的物理学习初步了解了一些物理现象，学习了一些基础的物理知识，具备了初步的学习方法。他们的思维活动正处在由形象思维向抽象思维发展的转折期，在进一步学习较抽象的理论知识时，还需要有直观形象和表象的支持。在本单元之前，学生已经学习密度、速度等知识，多次经历实验探究，有一定的探究能力，熟悉了控制变量的思想。教学中根据学生的情况，开展基于学情的任务设计，通过观察演示实验，自主设计实验，思考问题、分析交流等任务，将学生的兴趣转移到理性研究上来，培养学生深度思考能力，运用物理知识解决实际问题的能力，从而形成学生的核心素养。

### 4. 开放性学习环境

上课的环境是在教室和实验室，虚拟环境是视频影像等资源，人文环境是有融洽的师生关系和学生组成的学习小组。

### 5. 单元学习目标（表 2.62）

表 2.62　压强单元学习目标

| 课标素养 | 学习目标 | 对应水平等级 |
| --- | --- | --- |
| 物理观念 | 1.通过选择破窗工具并进行破窗效果的实验，能理解压强的物理含义，并知道日常生活中增大和减小压强的方法。 | A4 |
| | 2.通过探究车门在水中无法推开的原因以及正确打开车门的方法，能探究液体压强的特点及影响因素，并能利用液体压强公式解决真实问题。 | A4 |
| | 3.通过大气压强的学习能简单描述托里拆利实验，能说出标准大气压的数量级，能说出大气压随高度变化的规律；能说出液体沸点和气压的关系，了解活塞式抽水机的工作过程和原理。 | A4 |
| | 4.通过实验及生活现象分析，知道流体压强和流速的关系，了解飞机升力产生的原因。 | A3 |
| 科学思维 | 5.通过经历控制变量的方法归纳压力的作用效果（形变）与压力大小和受力面积的关系，并体会利用图形和图像认识压力的作用效果。<br>6.能通过比值定义法建立压强概念以达到分析能力的培养。<br>7.通过用微小压强计对液体内部压强的实验探究，体验转化法、数据分析、模型建立等实验方法。<br>8.通过经历用"假想液柱"模型推导液体压强公式，用"假想液片"的模型来解释连通器原理的过程，用"假想液片"分析托里拆利实验原理，进一步体会假想模型法是物理学的研究方法之一，提升抽象的思维能力。 | B4 |

续表

| 课标素养 | 学习目标 | 对应水平等级 |
|---|---|---|
|  | 9. 通过评估粗测大气压的实验环节，分析误差原因，提升解决探究过程中的未解决的矛盾，发现新的问题，并在评估中吸取经验教训的能力，从而优化探究方案，提高发现问题、解决问题的能力。 | B4 |
|  | 10. 通过分析飞机和水翼船的升力是怎样产生的，提升运用知识的能力，并体验科学、技术与社会的紧密联系性。 | B4 |
| 科学探究 | 11. 通过探究压力作用的效果跟压力的大小和受力面积的关系，体会控制变量的研究方法，并提升对科学方法重要性的认识。 | C1 |
|  | 12. 通过用微小压强计对液体内部压强的实验探究，体验转化法、数据分析、模型建立等实验方法。 |  |
|  | 13. 通过实验事实，知道大气压强的存在。通过完整经历粗测大气压实验过程，体会到科学探究的过程，提升动手能力分析问题解决问题的思维能力。 | C3 |
|  | 14. 通过观察和实验探究流体的压强和流速的关系，提升分析概括的能力。 | C2 |
| 科学态度与责任 | 15. 通过了解帕斯卡用几杯水压破水桶的实验，增强热爱物理的情感。 | D1 |
|  | 16. 通过对船闸等工作过程的了解，体会科学、技术、社会的紧密联系，提升将物理知识应用于生产、生活实际的意识和能力。 |  |
|  | 17. 通过评估粗测大气压实验，逐步学习小组合作的态度和方法，树立实事求是、严谨的科学态度和不断探究的科学精神，领会科学探究的真谛。 | D2 |
|  | 18. 通过了解活塞式抽水机（洗手液的泵头）和离心式水泵的工作原理，认识物理在生活中的应用。 |  |

6. 单元教学过程(方案：以活动/任务为单位规划)（表2.63）

表2.63 压强单元教学过程

| 任务序号 | 时长 | 教学过程 |
|---|---|---|
| 任务1：如何破窗逃生？ | 40分钟 | 子任务1：感受压力的作用效果与受力面积的关系。<br>问题1：在车内选择破窗工具——请在老师提供的物品中选择，并说明理由：为什么选择这些物品进行破窗？<br>引导学生关注压力的作用效果与受力面积的关系。<br>子任务2：感受压力作用效果与压力的关系。<br>问题1：只要是尖锐物体都可以打破车窗吗？<br>问题2：压力的方向有什么特点？你能尝试给压力下个定义吗？<br>引导学生思考压力的特点，深度认识这种常见的弹力。<br>子任务3：探究压力作用效果与压力及受力面积的关系。<br>问题1：能否自主设计实验探究压力作用效果与压力、受力面积的关系？ |

续表

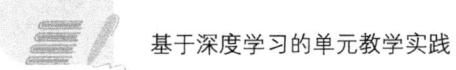

| 任务序号 | 时长 | 教学过程 |
|---|---|---|
|  |  | 活动1：学生分组完成探究实验，完成实验报告的填写，体验控制量及转换法，并分析数据得出结论。<br>子任务4：通过比值法得出压强的定义。<br>问题1：若压力、受力面积都不一样，怎样比较压力的作用效果？<br>问题2：压强的物理意义是什么？影响因素有哪些？<br>问题3：你能概括增大/减小压强的方法吗？<br>引导学生深度思考理解压强概念。<br>子任务5：学会用压强计算公式解决实际问题。<br>问题：电影中经常会出现用手肘撞击、用脚踹的方式打破车窗，这样真的可行吗？已知车窗钢化玻璃所能承受的最大压强为 $1.2 \times 10^8$ Pa，手肘与车窗的接触面积约为 5 cm × 5 cm，请计算要打破车窗，手肘至少需要施加多大的力？<br>进一步巩固学生对压强及变形公式的掌握，能熟练应用公式解决实际问题。 |
| 任务2：如何打开车门逃生？ | 40分钟 | 子任务1：认识液体压强。<br>问题1：随着水位升高，车门越来越难以打开，请利用老师提供的实验器材探究液体内部是否有压强？且液体内部压强与哪些因素有关。<br>活动1：学生小组合作完成探究实验。<br>子任务2：理论推导液体压强的计算公式。<br>问题1：液体压强与深度及密度有关，它们之间存在定量的关系吗？<br>活动：利用"假想液柱法"带领学生推导液体内部压强的计算公式。<br>子任务3：压强公式与液体压强公式综合应用。<br>问题1：车门浸入水中的面积约为 0.6 $m^2$，车门浸入部分的平均深度近似为 0.5 m，能否计算此时车门所受水的压力，怎样计算？<br>问题2：结合液体压强知识，能否针对无法破窗的情况，给出逃生建议？<br>活动1：小组合作讨论，运用力学综合知识给出逃生方案。 |
| 任务3：宇航员在太空中打开舱门同样非常困难，大气存在压强吗？能设计实验测出地球附近的压强吗？ | 80分钟 | 子任务1：体验大气压的存在。<br>活动1：教师演示"覆杯实验"。<br>问题1：请同学们分析杯中水对塑料片有压强吗？<br>问题2：将塑料瓶转向各个方向，塑料片都掉不下来。这又说明什么呢？<br>子任务2：视频再现——感受大气压的大小。<br>活动1：播放视频：湖南卫视《新闻大求真》"马德堡半球"实验。<br>问题1：请同学们认真观察并思考这个实验说明了什么？<br>子任务3：演示实验——分析大气压的测量方法。<br>演示实验：将一塑料吸盘紧紧压在光滑玻璃板上，请同学们对吸盘进行受力分析，然后反方向施加拉力，再次让学生思考分析并回答。<br>问题1：怎样测大气压力？怎样测出吸盘面积？<br>问题2：什么情况下，拉力等于大气压力？<br>子任务4：设计实验，粗测大气压。<br>学生分组实验：要求小组选择合适的实验器材测出大气压强。 |

续表

| 任务序号 | 时长 | 教学过程 |
|---|---|---|
|  |  | 问题1：请同学们思考，实验的哪些环节会导致误差？小组讨论交流。<br>子任务5：探寻准确测量大气压的方法。<br>演示实验1：从前面的"覆杯实验"入手，将瓶子倒放入水槽中，抽掉塑料片，观察现象。<br>问题1：如果换更长的试管，实验结果会怎样呢？<br>演示实验2：利用抽气机，将烧杯试管放入真空罩内先抽出气体，然后再放入气体，引导学生对比观察现象。<br>问题2：大气压到底能支撑多高的水柱？<br>问题3：如果在室内完成此项实验，怎样降低液柱的高度？<br>子任务6：学以致用——吸管吸水分析。<br>活动：呈现小朋友用吸管喝水图片，要求学生分析，饮料进入嘴内动力来自哪里？<br>问题1：能否解释宇航员难以打开舱门？ |
| 任务4：台风来临，农村一些房屋的屋顶会被掀翻，巨大的力量来自哪里？ | 40分钟 | 子任务1：认识流体。<br>问题1：台风经过与没有台风时，哪些因素发生了变化？<br>子任务2：探究流体压强与流速的关系。<br>活动1：利用宽纸条平吹气演示纸袋飘起实验。<br>问题1：思考是什么力托起了纸条？<br>活动2：利用漏斗、乒乓球演示气流托起乒乓球实验。<br>问题1：乒乓球为什么不掉落？<br>活动3：利用烧杯、红墨水、吸管演示喷雾器工作原理。<br>问题1：请问是什么力把水"吸"上去的？<br>问题2：根据以上实验现象能否发现什么共同规律？<br>子任务3：认识升力。<br>活动1：呈现飞机模型，让学生重点观察机翼的形状。<br>问题1：机翼的形状像鸟的翅膀，它们有什么特点？<br>活动2：利用吹风机模型模拟飞机起飞降落的过程。<br>问题1：你能分析托起飞机的巨大升力是怎样产生的吗？<br>问题2：学完本节内容能否解释台风过境掀翻房顶这一现象？ |

## 7. 评价建议（表2.64）

表2.64 压强单元评价建议

| 需评价的任务 | 任务评价描述 ||||
|---|---|---|---|---|
|  | 评价内容 | 评价指标 | 评价方法赋值方法 | 指向深度学习的特征及学习目标 |
| 任务1：如何破窗逃生？ | 通过实验探究压力作用效果与压力和受力面积的关系。 | 1.能设计出方案，会用控制变量完成实验，并总结出正确结论。<br>2.能基本完成实验，但没有控制变量，结论不准确。 | 根据实验过程和实验结果进行评价 | 活动与体验，评价学生在实验过程中与同伴交流合作，获得数据、合理解释的探究能力。 |

续表

| 需评价的任务 | 任务评价描述 ||||
|---|---|---|---|---|
| | 评价内容 | 评价指标 | 评价方法赋值方法 | 指向深度学习的特征及学习目标 |
| | 如何确定压强与压力及受力面积的关系式？ | 1.能类比速度、密度的定义总结出压强的定义式。<br>2.不能类比给出定义。 | 教师提问 | 联想与结构，评价学生合理运用类比法推导关系式的能力。 |
| 任务2：如何打开车门逃生？ | 能利用液体压强计探究液体内部压强的规律。 | 1.能利用液体压强计完成探究液体内部压强规律实验，并能正确总结出规律。<br>2.能利用压强计，基本完成实验，但没有注意控制变量，不能得出完整结论。 | 根据实验过程和结论评价 | 活动与体验，评价学生能正确设计实验，完成实验，且在实验过程中与同伴交流合作，获得数据、合理解释的探究能力。 |
| 任务3：宇航员在太空中打开舱门同样非常困难，大气存在压强吗？能设计实验测出地球附近的压强吗？ | 能理解粗略测量大气压强的方案，能够利用所提供实验器材完成测量，并对实验结果进行科学分析。 | 1.能理解粗测大气压强的方法并小组合作测出大气压数值。<br>2.能汇报交流评估实验方案，分析误差原因。<br>3.能基本完成操作测出大气压数值，但实验过程不规范误差较大。<br>4.不能完成实验，不能掌握原理方法。 | 课堂提问实验报告 | 活动与体验，能正确设计实验，完成实验，且在实验过程中与同伴交流合作，获得数据、合理解释的探究能力。 |

8. 反思性教学改进（选择）

9. 单元作业（选择）

10. 课时教学设计　　单元中第 3 课时

10.1　课时教材分析

本节内容是义务教育课程标准北师大版教科书八年级《物理》第八章第四节《大气压强》，此节内容是在学生学习了力及压强有关知识后来学习的，学生对物体的运动状态及受力分析已有一定基础，此内容是压强知识的延续，也是后面研究流体压强的基础，虽然课标要求较低，但作为教师从培养学生能力出发，值得研究的内容很多，这是一节培养学生实验探究能力、创新能力的好课程。大气压强与人民的生活密切相关，但因其抽象性对学生而言，要理解它的概念和应用十分困难，因此教学中根据学生的情况，开展基于学情的任务设计，通过观察演示实验、自主设计实验、思考问题、分析交流等任务，将学生的兴趣转移到理性研究上来，培养学生深度思考能力，运用物理知识解决实际问题的能力，从而形成学生的核心素养。

10.2. 课时学情分析

知识上，学生已学习了固体压强、液体压强的知识，对压强概念不陌生，但是因为大气看不见摸不着，比较抽象，对大气压强的存在，学生不太容易理解，对大气压强有一些错误的前概念，需要进一步的学习与领悟。

能力上，学生具备了实验设计、动手实验、分析归纳及查阅资料的能力。

可能存在的困难：用细沙的重力来实施拉力，改变力的大小不容易操作，可能在探究中出现比较大的误差，得不到预期的实验结果。

10.3 课时学习重点

（1）通过观察分析认识到大气压的存在。

（2）大气压强的估测和测定。

10.4 课时学习难点

（1）粗测大气压强的实验设计、操作及评估。

（2）托里拆利实验原理的理解。

10.5 开放性学习环境

物理环境是实验室，虚拟环境是视频影像等资源，人文环境是有融洽的师生关系和学生组成的学习小组。

10.6 课时学习目标（表2.65）

表2.65 大气压强课时学习目标

| 主题学习目标 | 课时学习目标 | 对应关系说明 |
| --- | --- | --- |
| 形成相互作用和能量观 | 1.通过实验事实，知道大气压强的存在。能通过实例说出大气压在生产、生活中的应用。<br>2.能简单描述托里拆利实验，能说出标准大气压的数量级，知道大气压随高度变化的规律。<br>3.能说出液体沸点与气压的关系，了解活塞式抽水机的工作过程和原理。 | 目标3 |
| 培养科学思维和建构模型能力 | 1.通过评估粗测大气压的实验环节，分析误差原因，培养学生注意探究过程中的未解决的矛盾，发现新的问题，并在评估中吸取经验教训，从而优化探究方案，提高发现问题、解决问题的能力。<br>2.通过"假想液片"分析托里拆利实验原理进一步体会假想模型法是物理学的研究方法之一，培养逻辑抽象的思维能力。 | 目标8、9 |

续表

| 主题学习目标 | 课时学习目标 | 对应关系说明 |
|---|---|---|
| 提升科学探究能力 | 1. 能设计实验证明大气压强的存在。<br>2. 通过完整经历粗测大气压实验过程，能体会到科学探究的过程，培养动手能力和分析问题解决问题的思维能力。 | 目标 13 |
| 增强科学态度与责任 | 1. 通过评估粗测大气压实验，逐步学习小组合作的态度和方法，树立实事求是、严谨的科学态度和不断探究的科学精神，领会科学探究的真谛。<br>2. 通过了解活塞式抽水机（洗手液的泵头）和离心式水泵的工作原理，认识物理知识及相关技术对社会发展和人类生活的影响。 | 目标 17、18 |

### 10.7　课时学习过程（表 2.66）

表 2.66　大气压强课时学习过程

| 任务 | 教学过程描述（按照任务或者活动的基本环节描述） |
|---|---|
| 任务 1：体验大气压的存在。 | 活动：教师演示"覆杯实验"如图。拿出一个空塑料杯，灌满水，用塑料片堵住，慢慢倒置，水不流出，塑料片掉不下来。<br>问题 1：请同学们分析杯中水对塑料片有压强吗？<br>问题 2：将塑料瓶转向各个方向，塑料片都掉不下来。这又说明什么呢？<br>在此基础上要求学生小组合作利用给定的实验器材（水、塑料吸盘、胶头滴管、玻璃片、注射器等）设计一实验证明大气压的存在。 |
| 任务 2：视频再现感受大气压的大小。 | 活动：播放视频：湖南卫视《新闻大求真》——再现马德堡半球实验。<br>问题：请同学们认真观察并思考这个实验说明了什么？ |
| 任务 3：演示实验，分析大气压的测量方法。 | 活动 1：给学生提供如下实验器材：弹簧测力计、带挂钩吸盘、玻璃板、沙子、小桶、台秤等要求学生思考：<br>问题 1：如果利用上述器材测量大气压强，需要测量哪些物理量？<br>问题 2：怎样测出大气压力？怎样测量受力面积？<br>活动 2：将一塑料吸盘紧紧压在光滑玻璃板上，请同学们对吸盘进行受力分析然后反方向施加拉力，再次让学生进行受力分析。<br>问题：什么情况下，拉力等于大气压力？<br><br>引导学生自主进行受力分析，学生发现可以通过测量拉力间接测出大气压力从而去测大气压强。 |

续表

| 任务 | 教学过程描述（按照任务或者活动的基本环节描述） |
|---|---|
| 任务4：设计实验，粗测大气压。 | 活动1：要求小组选择合适的实验器材测出大气压强，学生在实验中会发现弹簧测力计量程不够。<br>问题1：能否利用老师所提供的实验器材代替实施拉力？<br>活动2：小组合作完成实验后，引导学生交流展示实验结果。<br>问题1：请同学们思考，实验的哪些环节会导致误差？小组讨论交流。<br>问题2：空气排不干净，会导致压力的测量偏大还是偏小？请具体分析。 |
| 任务5：探寻准确测量大气压的方法。 | 活动1：演示实验：从前面的"覆杯实验"入手，将瓶子倒放入水槽中，抽掉塑料片，观察现象，然后让学生思考。<br>问题1：如果换更长的试管，实验结果会怎样呢？<br>活动2：演示实验：利用抽气机，将烧杯试管放入真空罩内先抽出气体，然后再放入气体，引导学生对比观察现象。<br>问题1：是谁支撑了水柱不下落？<br>活动3：为帮助学生深入理解，利用"假想液片法"引导学生一步步进行受力分析，总结出精确测量大气压的原理 $P=\rho_{水}gh$。<br>问题1：大气压到底能支撑多高的水柱？播放大气压支持水柱的视频。<br>问题2：如果在室内完成此项实验，怎样降低液柱的高度？<br>问题3：生活中哪种液体的密度最大？<br>活动4：播放托氏实验视频录像，让学生带着问题去观看。<br>问题1：实验器材有哪些？实验现象是什么？ |
| 任务6：学以致用——吸管吸水分析。 | 活动：呈现小朋友用吸管喝水的图片。<br>问题：请尝试分析，饮料进入嘴内的动力来自哪里？ |

## 10.8 板书设计

第四节　　大气压强

一、大气压强
1. 定义：大气对浸在其中的一切物体均具有压强
2. 方向：朝各个方向
3. 事例证明
二、大气压强的测量
1. 粗测大气压：$P=F/S$

2. 托里拆利实验：
（1）原理：$P=\rho gh$
（2）$P_0=1.01×10^5$ Pa（相当于760 mmHg柱产生的压强）
三、大气压强的应用
（1）生活
（2）生产

## 10.9 课时作业

（1）通过查阅资料了解抽水机的发展过程，了解活塞式抽水机和电动水泵的构造及工作原理，并写出一篇抽水机研究报告。

### 基于深度学习的单元教学实践

（2）完成学案部分基础练习。

#### 10.10 教学反思与改进

将压强部分以一个单元开展教学，通过单元整体备课，从单元角度进行教学设计，在实施教学之前，结合课程标准、学生发展需求、教学内容等因素，重点理清本单元的育人价值，确定本单元学习目标和任务，设计课时子任务，构建单元大概念，完成核心素养的落实。

在《大气压强》这节课，以发展学生核心素养为目标，注重发展高阶思维的活动设计，通过任务驱动，促进学习行为发生；注重创设真实物理情境，自然产生深度问题，促进学生深度思考，从而提升学习能力并培养相关物理素养。

（1）以培养学科核心素养为目标，从任务驱动、问题引领、认知冲突、生活联系等不同角度展开构建深度学习的策略。本节课从"魔术实验"入手，开展"感受大气压存在""感受大气压的大小""分析大气压的测量方法""粗测大气压强""交流与评估""探寻准确测量大气压的方法"等系列任务，学生对大气压的认识由抽象到具体，并掌握了粗测大气压的方法，了解托里拆利实验原理。本节课灵活设置了演示实验和分组实验等学习任务，注重物理学科实验的特点，为学生体验创造机会，驱动学生主动学习，有效激发学生学习兴趣，达到物理新课程改革中强调要让学生经历基本的科学探究过程，学习科学探究的方法，受到科学态度和科学精神的熏陶，从而培养科学探究的能力，提高学生的科学素质的目标。

（2）设计具有内在逻辑的问题链，开展问题导学。初中学生对物理现象的认识仍然偏向于感性，对生活中大气压强的现象了解不多，认识也停留在表面，对于大气压强很难理解。所以教学中通过设置系列化的问题，让学生经历"问题感知→观察判断→思考分析→问题解决"的合作学习过程，丰富对大气压及其现象的感性认识，并实现粗略测出大气压的数值，掌握了托里拆利实验的原理，促进学习目标的达成。借助问题链开展教学，可以改变以往沉闷、公式化的教学模式，促使学生主动思考、积极探究。在教学中通过设置系列化、有思维层次性的问题链，去驱动学生，从而开展具有学科思维深度的对话教学。

（3）改进：在小组合作探究时，由于分工不明细，从而造成有一小部分同学只在一边看热闹，充当了观众。在今后的教学中，合作探究小组成员的选择和分工要细致到位，让全体学生都"动"起来，都成为学习的主人，能体验到学习的快乐。

作者：黄 伟

## 案例二

1. 主题名称：我身边的能量
2. 主题概述
2.1 核心概念：能量（图 2.27）

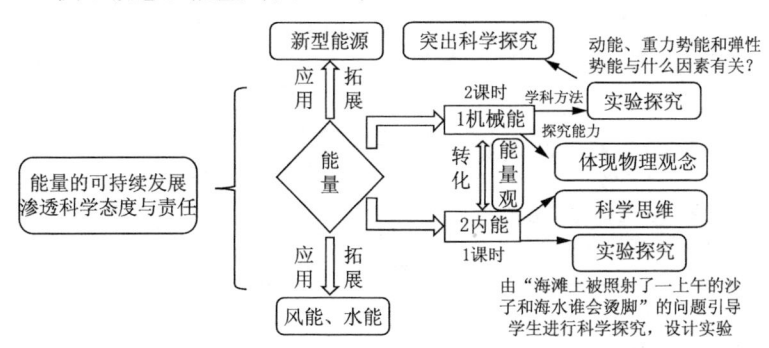

图 2.27 能量课时

2.2 内容结构

本主题以机械能为核心知识，通过对"我身边的能量（机械能）"的学习，发展到我身边的能量（内能）的学习。以"学习我身边的能量（机械能、内能及其转化）"为大任务，整合了能量的部分章节内容为一个大单元设计并实施，深化学生对"机械能、内能、能量"中涉及物理概念的理解，希望在学生脑海中形成"能量观"。

2.3 呈现方式

通过设置情境和任务驱动教学，整个单元有一个核心任务：了解我身边的能量。通过任务驱动带领学生学习机械能和内能相关内容，逐步从能量的宏观概念聚焦到机械能和内能的学习为大任务统领设计学习过程，以情境化问题分解大任务开展单元教学。

在这个核心任务之下又设计了六个任务，如表 2.67。

表 2.67 我身边的能量核心任务与子任务的设计

| 核心任务 | 子任务 | 情境化的大问题 | 教材对应内容 | 课时安排 |
| --- | --- | --- | --- | --- |
| 了解我身边的能量 | 任务1：说说你了解的能量形式有哪些？<br>任务2：了解运动的物体具有动能及其影响因素。 | （1）什么是能量，说出你知道的能量形式？能量的分类和分类依据。<br>（2）探究影响动能的因素？ | 第1节：机械能 | 1课时 |

续表

| 核心任务 | 子任务 | 情境化的大问题 | 教材对应内容 | 课时安排 |
| --- | --- | --- | --- | --- |
|  | 任务3：了解物体具有的势能及其影响因素。<br>任务4：机械能守恒定律。 | （1）势能的分类？<br>（2）探究影响重力势能的因素？<br>（3）探究影响弹性势能的因素？<br>（4）什么情况下机械能守恒？ | 第1节：机械能 | 1课时 |
|  | 任务5：分子动理论的基本内容和了解内能。<br>任务6：通过实验知道改变内能的两种方式。 | （1）我们平时说的"热能"是什么？温度与内能有着什么关系？<br>（2）生活中通过哪些方式改变内能？ | 第2节：内能 | 1课时 |

3. 主题内容分析：

3.1 机械能和内能在本单元的地位和作用

能量在《义务教育物理课程标准》中的科学内容属于一级主题，二级主题是能量、能量的转化和转移；机械能；内能相关知识的相结合。自然界中存在着各种各样不同形式的能量，各种不同形式的能量之间是可以相互转化的，能量转化和守恒是自然科学的核心内容之一，从更深层次上反映了物质运动和相互作用的本质。根据能量的观念来安排本章节的教学内容，同时密切联系日常生活、工农业生产和全球现代科学技术尤其是我国近几年的发展情况，对学生树立正确科学的世界观、培养学生理论联系实际的观念，让学生在接受物理教育教学的过程中逐步形成适应个人终身发展和社会发展需要的必备品格和关键能力的一个重要组成单元。

3.2 本单元的学习对学生核心素养发展的价值

物理观念：

将本单元的前两节内容"机械能"和"内能"划分为"我身边的能量"单元学习主题，在初中物理学习过程中，本单元进一步促进学生的物质观念、运动与相互作用观念和物理模型建构等物理学科素养的形成。通过让学生对生活中的现象和场景深度观察和体验，吸引学生积极思考，深化动能、势能、机械能、分子动理论、内能、能量的基本概念。

利用教师演示实验，在课堂上给学生创设真实的情境，让学生在问题情境中经历同化、顺应，可以有效加强物理概念和物理规律的理解，促进学生形成能量的物理观念。

科学思维：

本单元学生需要了解能量及其存在的不同形式，描述各种各样能量和生产、生活的关系，体现了物理理论与实际应用的结合，在学习的过程中能够培养学生科学思维的发展。比如通过实际情境分析影响动能的因素、学生经历提出问题、进行猜想与假设、设计实验，通过探究实验，根据实验现象进行分析、归纳总结、得出结论。在探究影响动能的因素和探究影响重力势能的因素中发展学生的思维。通过实验认识能量可以从一个物体转移到另一物体，不同形式的能量可以相互转化。体会做功的过程是能量转化或转移的过程。

科学探究：

在本单元注重学生的自主学习和探究性学习。比如通过学生实验探究影响动能的因素，通过实验探究重力势能的大小与哪些因素有关。体现了科学探究中猜想与假设、设计实验、制定方案、获取和处理信息、基于证据得出结论并做出解释，以及对科学探究过程和结果进行交流、评估、反思的能力。

科学态度与责任：

通过任务驱动和实验探究的方法进行机械能和内能的学习。通过实验了解动能和势能的相互转化，能举例说明机械能和其他形式能量的相互转化。知道内能的利用在人类社会发展史的重要意义。突出物理学与生活和当代科学技术发展的实际联系，有利于激发学生对物理学习的兴趣，同时有利于培养学生理论联系实际的观念，还可以使学生养成关心社会重大问题、关注科学技术的前沿发展和新思想的好习惯，增强节能环保爱国主义情怀。

3.3 本单元的教学内容分析

本单元涉及的内容物理概念多且抽象，涉及的物理概念有：能量、机械能、动能、势能、分子动理论的基本观点和内能等概念；涉及的物理规律有：能够用动能和势能及其相互转化的知识解释有关现象，能量转化与守恒的基本观点；涉及的基本技能有：动能和势能间的相互转化等。

涉及的物理学方法有：(1) 科学探究建立概念的方法：动能、重力势能、弹性势能、机械能、内能和能量。(2) 运用控制变量的方法进行探究实验：动能、重力势能。(3) 转化的思想方法：能量的大小 – 推动木块移动距离的远近。(4) 由宏观现象推导出微观结论的科学研究方法：观察分子动理论相关实验现象（固体、液体和气体实验），把宏观量和微观量联系起来。由于知识容量大，概念多，学生相关的知识基础比较薄弱，学生通过课堂教学学习这么多的内容有一定的难度。因此本单元教学设计采取任务驱动的方法，设计多个任务，在核心任务下面分成若干个子任务。例如：在学习"机械能"的时候进行头脑风暴，来调研学生起始的能量观，通过大量与学生生活息息相关的实例，让学生去分类、辨析生活中哪些物体具有能量？分类的依据是什么？从而习得能量观，进而具体分类，还可以细化分类，得出机械能、动能、重力势能、弹性势能的概念。上述教学环节以学生的认知逻辑进行设计，思维深度层层推进，学生思考的空间不断扩展，在分析论证中建立能量的概念，这样的设计无论从概念教学思考，还是从教学理论分析，都是可以尝试的。细细品味这个精彩的教学设计，还有没有值得反思的地方？教学设计的落脚点仅仅是为了得到机械能的概念和动能模型的建立吗？

演示实验引发思考，结合生活实际提出问题，创设挑战性任务，引导学生探究动能的影响因素，通过实验探究验证猜想，目的是让学生在探究过程中提高解决问题的能力，加强合作，体验知识形成的过程。在学习"内能"相关知识时也采用如上的方式。

4.学生的学情分析

学生通过小学科学课和前面物理课的学习，以及从日常媒体中都可能了解一些有关"能"或"能量"的知识，因此对"能"有一些初步的了解，但对于"能"的概念仍是很模糊的，为了突破"能"这个抽象的概念给学生造成的学习困难，教学上需要把这个抽象的概念通过实验和实例具体化，从日常生活中最密切的现象入手，在列举大量实例的基础上引导学生总结出运动物体能够做功，具有能量，称之为动能；被举高的物体能够做功，具有的能称之为重力势能；发生弹性形变的皮筋能够做功，具有的能称之为弹性势能等。通过实例使学生认识到"能"的存在，进而再引入规范的动能、势能和机械能等概念，学生印象深刻、易于接受。内能方面的知识对于学生来说比较抽象，对学生分析、归纳、概括能力的要求也较高，因此，在教学设计中充分利用了现象教学的作用，设计了一系列小实验，引导学生观察实验，以增加学生的感性认识，帮助学生在头脑中建立必要的物理图景。以此为基础，通过分析、比较、概括，得出相应的结论。从中也使学生初步认识了通过大量宏观现象的分析、推理来对微观世界进行判断的方法。并通过回忆已学过的各种能量知识，使学生初步建立能量与运动形式的对应关系。

对于机械能间的相互转化，可以通过课下让学生利用动能和势能相互转化的原理自制一个小装置或小玩具这样的活动进一步加深对动能、势能的理解，同时培养学生的创造能力和创新精神。

5. 开放性学习环境

上课的环境是在教室和物理实验室，实验室提供学生所需的实验仪器，虚拟环境是课件、视频影像等资源，人文环境是有融洽的师生关系和学生组成的学习小组。

6. 单元学习目标（表2.68）

表2.68 我身边的能量单元学习目标

| 课标素养 | 学习目标 | 对应水平等级 |
| --- | --- | --- |
| 物理观念 | 1. 学生从物理学的视角观察自然现象，举例说出生活中具有能量的形式，初步体会能量的概念，具有将物理学与实际相联系的意识。 | A1 |
| | 2. 通过举例、分类、归纳、辨析，了解能量及其存在的不同形式，描述各种各样的能量和生产、生活的关系。<br>3. 通过大量列举的实例，知道动能、势能和机械能、内能、能量的概念。初步了解分子动理论的基本观点，能用分子动理论的知识解释一些简单的现象。<br>4. 通过对动能、势能、机械能和内能的学习，形成初步的物理观念，能从物理学的视角解释一些自然现象，能应用物理知识解决一些实际问题。 | A2 |
| 科学思维 | 5. 通过对生活中现象的观察，能列举出生活中哪些是具有能量的，能说出一些简单的能量形式的物理模型；能对常见的物理现象进行简单分析；能区别观点和证据；可在辨析物体具有能量的过程中，识别具有能量的本质。 | B1 |
| | 6. 通过对探究动能的影响因素的研究，以小球、木块的运动情况为实例的具体分析，提升将实际问题中的对象和过程转化为物理模型的能力，体会从复杂到简单、从实际到理想的研究方法。 | B3 |
| | 7. 通过学习探究动能影响因素后，能利用所学知识解决探究重力势能的影响因素，能将实际问题中的对象和过程转换成物理模型；能对综合性物理问题进行分析和推理，获得结论并作出解释；能恰当使用证据证明物理结论；能对已有结论提出有依据的质疑，采用不同方式分析解决物理问题。知道做功的过程是能量转化或者转移的过程。 | B4 |
| | 8. 通过观察气体、固体和液体的扩散等一系列实验现象，学习由宏观现象推知微观本质的研究方法。 | B1 |
| 科学探究 | 9. 在学习能量的概念时，学生具有问题意识；能在他人指导下使用简单的器材收集数据；能对数据进行初步整理；具有与他人交流成果、讨论问题的意识。通过实验，认识能量可以从一个物体转移到另一个物体，不同形式的能量可以相互转化。 | C1 |

续表

| 课标素养 | 学习目标 | 对应水平等级 |
|---|---|---|
|  | 10.通过任务驱动和实验探究的方法，了解动能、势能的影响因素，通过实验，了解动能和势能之间的相互转化，举例说明机械能和其他形式能量的相互转化。能观察物理现象，提出物理问题；能根据已有的科学探究方案，使用基本的器材获得数据；能对数据进行整理；得到初步结论；能撰写简单的报告，陈述科学探究过程和结果。 | C2 |
| 科学态度与责任 | 11.通过能量的学习，认识到物理学是基于人类有意识的探究而形成的对自然现象的描述与解释，并需要接受实践的检验。 | D1 |
|  | 12.通过任务驱动，学生在探究动能的影响因素和势能的影响因素、改变内能的两种方式的学习时，提升学生学习物理的兴趣，具有实事求是的态度，能与他人合作；认识到物理研究与应用会涉及道德与规范问题，了解科学·技术·社会·环境的关系。 | D2 |
|  | 13.通过对机械能和内能的学习，了解动能和势能的相互转化，了解机械能和其他形式能的相互转化，能举例说明机械能和其他形式能的相互转化。知道内能的利用在人类社会发展史的重要意义。认识到人类在保护环境和促进可持续发展方面的责任。 | D3 |

7. 单元教学过程（方案：以活动/任务为单位进行规划）

本单元设置的"我身边的能量"有三节教学内容，突出能量和能量的转化及应用，有利于培养学生科学的世界观。单元整体教学实施的思路始终贯穿能量、能量的转化和应用这一主线：首先学习机械能、内能的相关内容，初步形成相应的物理观念，教学中采取通过教师演示实验和给学生具有挑战性的任务，探究实验得到相应的物理规律；突出内能和机械能的相互转化及物理在生活中的具体应用的理念。具体单元和课时规划如表2.69。

表 2.69 我身边的能量单元和课时规划

| 任务序号 | 时长 | 教学过程 |
|---|---|---|
| 任务1：说说你了解的能量形式有哪些？<br>任务2：了解运动的物体具有动能及其影响因素。 | 40分钟 | 子任务1：能量的概念模型建构。<br>活动1：什么是能量，说出你知道的能量形式？能量的分类和分类依据。初步建立能量的概念模型。<br>子任务2：探究影响动能的因素。<br>问题1：物体的动能与什么因素有关？<br>活动2：教师进行实验演示：手推球，球向前运动，撞击木块。<br>问题1：球是否具有动能？你判断的依据是什么？动能大小与什么因素有关？提出可探究的科学问题。<br>猜想：物体的动能与物体的速度有关吗？<br>学生分组实验：探究影响动能的因素。 |

第二章 基于深度学习的单元教学案例

续表

| 任务序号 | 时长 | 教学过程 |
|---|---|---|
| 任务3：了解物体具有的势能及其影响因素。<br>任务4：机械能守恒定律。 | 40分钟 | 子任务1：探究影响重力势能的因素。<br>问题1：还是这个小球，静止在桌子上，有没有能量？我把它拿起来，有没有能量？<br>活动1：观察被举高的小球虽然现在没有对外做功，但它是有对外做功能力，建立重力势能的概念模型。<br>子任务2：重力势能可能与什么因素有关？<br>猜想：物体的重力势能与物体的质量和被举高度有关？<br>学生分组实验：探究影响重力势能的因素。<br>子任务3：弹性势能的影响因素。<br>活动2：观察实验，进行分析。<br>子任务4：机械能及能量之间的相互转化。<br>活动3：教师演示实验（把单摆的小球换成质量大的重物增加实验的趣味性）。 |
| 任务5：分子动理论的基本内容和了解内能。<br>任务6：通过实验知道改变内能的两种方式。 | 40分钟 | 子任务1：内能的概念模型建构。<br>活动1：教师演示实验（加热试管中的水，观察瓶塞）。<br>子任务2：了解改变内能的两种方式。<br>问题1：内能能够被利用吗？（内能能够发生转移或转化吗？）<br>活动2：采用哪些办法可以使铁丝温度升高、内能增大？<br>学生分组实验：铁丝实验和迅速压下活塞时，使棉花燃烧起来。观察现象并解释。 |

8. 评价建议（表2.70）

表2.70 我身边的能量评价表

| 需评价的任务 | 任务评价描述 ||||
|---|---|---|---|---|
| ^ | 评价内容 | 评价指标 | 评价方法赋值方法 | 指向深度学习的特征及学习目标 |
| 任务1：说说你了解的能量形式有哪些？ | 说出生活中的能量形式。 | □说出1个能量形式的名称。<br>□能说出至少2个能量形式的名称。 | 根据说出的能量数量进行评价 | 活动与体验，学生在头脑风暴活动中将物理学科的内容与生活实际相联系，感知和理解能量的概念。 |
|  | 说出判断能量的依据。 | □不能说出判断依据。<br>□能基本说出论证依据的过程，不流畅。<br>□能根据所学知识分析并论证，思路清晰。 | 教师提问 | 联想与结构，学生经验与外在知识之间的转化，学生合理运用已学知识分析论证的能力。 |

133

续表

| 需评价的任务 | 任务评价描述 ||||
|---|---|---|---|---|
| | 评价内容 | 评价指标 | 评价方法赋值方法 | 指向深度学习的特征及学习目标 |
| 任务2：了解运动的物体具有动能及其影响因素。 | 识别哪些物体具有动能？通过实验探究知道动能的影响因素。 | □会辨析哪些物体具有动能。<br>□设计实验。<br>□能完成实验，观察实验现象，形成初步结论。 | 根据实验过程和结果评价 | 活动与体验，学生在实验过程中与同伴交流合作，观察现象，获得数据、合理解释的探究能力。 |
| 任务3：了解物体具有的势能及其影响因素。 | 识别哪些物体具有重力势能？通过实验探究知道重力势能的影响因素。识别哪些物体具有弹性势能？ | □会辨析哪些物体具有重力势能和弹性势能。<br>□设计实验探究影响重力势能的因素。<br>□能完成实验，观察实验现象，形成初步结论。 | 根据实验过程和结果评价 | 活动与体验，学生在实验过程中与同伴交流合作，观察现象，获得数据、合理解释的探究能力。 |
| 任务4：机械能守恒定律。 | 观察实验并描述现象。 | □观察实验现象，未找到原因。<br>□观察实验现象，发现两次实验的不同之处，简单分析说明。<br>□观察实验现象，发现两次实验的不同之处，可以流畅地分析说明，并归纳出机械能守恒的条件。 | 教师提问学生交流讨论 | 本质与变式，通过发现条件不同、现象不同，获得辨析的能力，学生加工把握学科本质的能力。 |
| 任务5：分子动理论的基本内容和了解内能。 | 观察教师演示实验（加热试管中的水，观察瓶塞）。 | □观察实验现象。<br>□通过现象可以分析出原理。<br>□知道内能可以做功，初步体会能量的转化和转移。 | 教师提问 | 本质与变式，通过瓶塞被弹出的宏观现象，分析出水蒸气（微观本质）内能做功的分析的能力。 |
| 任务6：通过实验知道改变内能的两种方式。 | 通过实验改变物体内能，对改变内能的方式进行分类。 | □能够设计出增加铁丝内能的实验。<br>□小组合作完成实验。<br>□完成实验，交流讨论，并进行归纳分类。 | 根据实验过程和结果评价 | 活动与体验，评价学生在实验过程中与同伴交流合作，观察现象，合理解释的实验探究能力，并且能够分析归纳的能力。 |

9. 单元作业设计

9.1 单元作业设计思路

本单元结合"课标"中的要求和从培养学生物理学科核心素养出发有以下几个方面：

9.1.1 更注重"物理观念"的内化，本单元中能量的观念包含：动能、重力势能、弹性势能、机械能概念，内能和热量，从能量转化的角度认识燃料的热值。这些方面的内容我们通过概念的建立来设计相关的作业，例如通过罗列表格，比较各个能量的不同点和相同之处，在此基础上设计活动：体育课上，上抛篮球，分析其在上升过程中和下落过程中是什么能转化成什么能？篮球在最高点和最低点时具有的能量。

9.1.2 "科学思维"的渗透，在学习有关动能、势能及其相互转化知识的广泛应用，通过科学的思维，能用实例说明物体的动能和势能，以及它们的转化，分析在只有动能和势能相互转化的过程中机械能的总量保持不变。将前面所学的内容结合生活中的实例"热机"和"火箭"分析其原理。这些方面的内容与生活实际更加相关，可以设计开放型作业，如我们滑滑梯的时候，为什么速度越来越快，增加的动能哪里来的？在什么情况下才能使篮球弹跳的高度高于抛出时的位置，通过画图设计小报的方式从能量转化的角度进行解释和拓展。

9.1.3 "科学探究"能力的培养体现在学习动能和重力势能时，通过实验探究引出概念的方法，目的是让学生在探究过程中提高解决问题的能力，加强合作，激发学生的学习兴趣。

在学习"比热容"时，结合"在海滩照射了一上午的沙子和海水谁会烫脚"生活实际提出问题，引导学生进行科学探究，设计实验，巧妙运用转换法和控制变量的科学方法。这部分的内容我们通过实验报告的设计来布置作业。

9.1.4 潜移默化中"科学态度与责任"的形成，学生通过实例了解能量及其存在的不同形式，能简单描述各种各样的能量和我们生活的关系。在学习"热机"这节内容时，通过了解瓦特利用能量转换的原理制造了实用的蒸汽机，开启了工业化时代的事例，让学生体会到科学知识的合理应用可以推动社会进步。在学习"火箭"的工作原理时，学生了解火箭是喷气发动机的一种类型的同时，又使学生体会学习的内容贴近自己的生活，更加认识到生活、社会与物理学的关系。"燃料的利用和环境保护"这一节内容，有效利用燃料是节约能源和保护环境的重要措施。因为能源问题是当今社会的重大问题之一，所以有必要强调节约能源的重要性，对学生进行节能教育。关于环境保护问题,一方面是为了提高学生的环境意识,另一方面要让学生辩证地看待科学进步对人类社会的影响,使学生初步认识到事物都是一分为二的,培养学生初步的辩证唯物的观点,养成辩证看问题的良好习惯。这部分内容的作业更具有开放性,让学生通过查阅资料法,了解潮汐能、风能等新型能源和在"热机"学习之后让学生查询热机的发展史、目前我国火箭方面的发展成就等。通过小组合作,任务驱动,将课堂交给学生。

## 9.2 单元作业具体内容

### 9.2.1 单元作业设计的目录(表 2.71)

表 2.71 我身边的能量单元作业设计

| | | |
|---|---|---|
| 能量 | 基本概念类 | 机械能 |
| | | 内能 |
| | | 比热容 |
| | | 热值 |
| | 实验设计类 | 动能 |
| | | 重力势能 |
| | | 弹性势能 |
| | | 扩散现象 |
| | | 分子间引力 |
| | | 探究物质的比热容 |
| 能量的应用 | 知识拓展类 | 风能、水能、潮汐能 |
| | | 热机发展史 |
| | | 燃料情况调查 |
| | | "长征"系列火箭 |
| 能量转化 | 能力拓展类 | 解决综合问题 |

### 9.2.2 单元作业设计整体框架图(图 2.28)

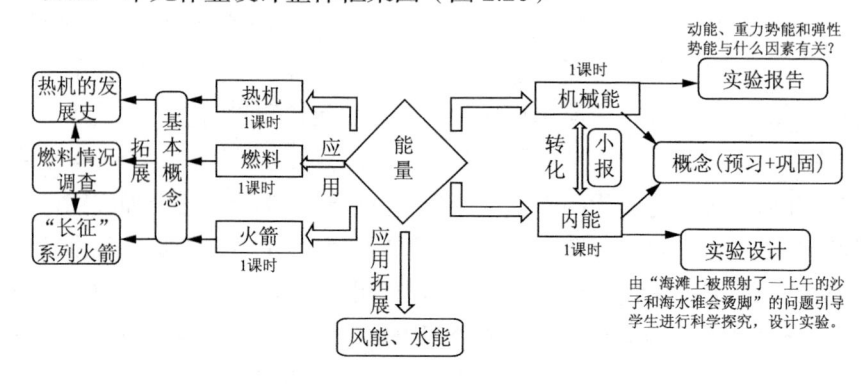

图 2.28 单元作业设计框架图

## 9.2.3 具体课时作业设计课例介绍（表2.72）

表2.72 我身边的能量课时作业设计

| 课题 | 机械能 |
|---|---|
| 课型 | 概念新授课 |

**1. 作业内容分析**

"课标"中要求学生能通过实例知道动能、势能和机械能。了解能量及其存在的不同形式，能简单描述各种各样的能量和我们生活的关系。通过实例认识能量可以从一个物体转移到另一个物体，不同形式的能可以相互转化。

本节涉及的内容概念多，且抽象。由于知识容量大，而且学生相关的知识基础比较薄弱，学生通过课堂教学学习这么多的内容有一定的难度。因此本节教学设计以演示实验引发思考，结合生活实际提出问题，引导学生探究，通过实验探究引出概念的方法，目的是让学生在探究过程中提高解决问题的能力，加强合作，激发学生的学习兴趣。

从预习作业出发，到学习后的"知识树"的概念梳理，升级到结合生活中的实例设计活动：体育课上，上抛篮球，分析其在上升过程中和下落过程中是什么能转化成什么能？最高点和最低点时具有的能量。拓宽学生思维的深度，为下面能量转换的理解做铺垫。

**2. 学习者分析**

学生通过小学科学课和物理课的学习，以及从日常媒体中都可能了解一些有关"能"或"能量"的知识，因此对"能"有一些初步的了解，但对于"能"的概念仍是很模糊的，为了突破"能"这个抽象的概念给学生造成的学习困难，教学上需要把这个抽象的概念通过实验和实例具体化，从日常生活中最密切的现象入手，在列举大量实例的基础上引导学生总结出运动物体能够做功，具有能量，称之为动能；被举高的物体（或产生形变的物体）能够做功，具有的能称之为重力势能；被压缩的弹簧能够做功，具有的能称之为弹性势能等。通过实例使学生认识到"能"的存在，进而再引入规范的动能、势能和机械能等概念，通过课后教师布置的"知识树"的作业，让学生巩固课堂所学的概念，作业的设计还具有美观性和趣味性，学生印象深刻、易于接受，还可以激发学生的学习兴趣。

**3. 通过作业要解决的问题**

通过课前布置的预习任务，课后安排"知识树"的图形，让学生完善这些概念。树根是能量，上面分布着机械能，树枝有动能、重力势能和弹性势能，与它们有关的因素是枝繁叶茂的"树叶"。通过类似这样游戏类的作业，能让学生加深本节课相关物理量的概念。对于机械能间的相互转化，可以通过布置实践类作业：让学生利用动能和势能相互转化的原理自制一个小装置或小玩具，这样的活动让学生进一步加深对动能、势能的理解，同时培养他们的创造能力和创新精神。

**4. 作业评价设计**

预设作业评价等级，例如优秀、良好、合格、不合格的划分标准

| 完整程度 | 时效性 | 合理性 | 创新性 |
|---|---|---|---|
|  |  |  |  |

续表

| 课题 | 机械能 |
|---|---|
| 课型 | 概念新授课 |

5. 作业设计内容
内容一：（机械能新授课）

| 作业内容简述 | 培养学生核心素养侧重点分析 |
|---|---|
| 一、预习作业：根据书上的图片，你还能举出类似在生活中的实际例子吗？请写在书上。<br><br>二、概念类作业（横线部分均为填空）<br>1. 能：能够<u>对外做功</u>的物体具有能。<br>2. 动能：物体由于运动而具有的能，其大小与<u>质量和速度</u>相关。<br>3. 重力势能：物体<u>由于被举高</u>而具有的能，其大小与<u>质量和被举高的高度</u>有关。<br>4. 弹性势能：物体由于<u>发生弹性形变</u>而具有的能，其大小与弹性形变量有关。<br>5. 机械能：<u>动能和势能的统称</u>。<br>6. 机械能守恒：在只有<u>动能和势能相互转化</u>的过程中，机械能的总量保持不变。 | 一、这份预习作业，希望通过学生自读、自学，提前解决一部分问题，让学生举出相关实例，是让学生学会分类和感受"从生活走向物理"的课程理念。<br><br>二、培养学生对于"动能、重力势能、弹性势能、机械能"等物理观念的初步理解。 |
| 三、能力类作业（通过小报和实物，图文并茂呈现）<br>设计任务 1. 体育课上，上抛篮球，分析其在上升过程中和下落过程中是什么能转化成什么能量？最高点和最低点时具有的能量。能量是如何转化的？（原创试题）（本试题的灵感素材来源于 2018 年北京市中考试题第 31 题的题型）<br>2. 让学生利用动能和势能相互转化的原理自制一个小装置或小玩具。（原创作业）<br><br>四、检测类作业<br>1. 蹦床运动员离开蹦床弹向空中的过程中，运动员的（　）<br>A. 动能减小，重力势能增大　B. 动能增大，重力势能增大<br>C. 动能减小，重力势能减小　D. 动能增大，重力势能减小<br><br>2. 如图 1 所示，游乐场中，从高处 A 到水面 B 处有两条长度相等的光滑轨道。体重不同的甲、乙两小孩沿着不同轨道同时从 A 处自由滑向 B 处，若不计空气阻力，下列说法中正确的是（　）　图 1<br>A. 甲、乙在下滑过程中所受重力做功相等<br>B. 甲从 A 到 B，重力势能一定减小<br>C. 甲、乙在下滑过程中机械能守恒<br>D. 甲、乙到达 B 点时的动能相同 | 三、通过具体的情境分析出与本节课物理概念相关的知识，应用知识解决问题，锻炼学生分析问题的能力和表述能力。这样的任务型作业让学生进一步加深对动能、势能的理解，同时培养他们的创造能力和创新精神。<br><br>四、通过前面作业的铺垫，本次作业在生活中常见的情境下提炼出物理模型，让学生用所学的知识解决相关问题。 |

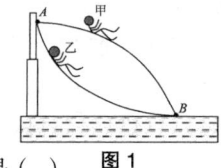

续表

| 课题 | 机械能 |
|---|---|
| 课型 | 概念新授课 |

3. 在"探究物体的动能大小与哪些因素有关"的实验中，同学们做了如图2所示三个实验，将小球沿着同一斜面由静止释放，并与同一水平面上的同一木块相碰，木块在水平面上移动一段距离后静止。请回答下列问题：

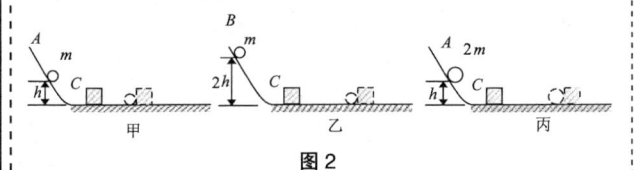

图2

①实验中所探究的"物体的动能"是指____（选填"小球"或"木块"）在____（选填"A""B"或"C"）位置的动能；
②由实验____和实验____（选填"甲""乙"或"丙"）可知：物体的动能大小与物体的速度大小有关。

6. 教师在完成作业设计后的收获

　　与之前作业相比，本次作业更加的系统化，从整单元的教学设计出发，以培养学生的核心素养为目标进行教学和作业的设计，把握好课堂和课下学生学习的时间和空间；更加丰富化，除了传统的练习外，根据不同的课程内容增加了动手实践类型的作业、调查报告类的作业，这无疑是对学生综合能力的一个提升。学生在这个过程中，需要查找资料、进行合理筛选、设计、创新、改进……对于教师而言，看到形式多样，内容丰富的作业，有的教师可能也没有想到，这样的作业布置也是促进教师教学很好的途径。

7. 使用建议

　　对于基本概念类作业更多的时候在上完新授课之后，利用课堂最后5分钟进行，更具备时效性。不同类型的作业的评价方式也是多样性的，例如基础类和检测类的作业可以有教师评分制，实验设计和能力类的作业还可以学生互评的方式和在教室墙上或者网络平台展示类的方式进行评价。

10. 课时教学设计　　单元中第1课时

10.1　课时教材分析

　　本节课是北师大版初中物理九年级第十章第一节的内容，需要2课时完成。《义务教育物理课程标准》中要求学生能通过实例了解能量及其存在的不同形式，能简单描述各种各样的能量和我们生活的关系。通过实例认识能量可以从一个物体转移到另一个物体，不同形式的能可以相互转化。整体规划按"节"实施是单元教学的落点，以一系列"小问题"实现"大任务"是实施的可行策略。有了大任务统领了单元的主题，有了情境化的问题将任务分解，而真正实施的过程还是需要设计指向单元目标、驱动大任务、为单元评价提供依据的小问题,这是实现单元教学中课堂实施的关键。本节教学为单元起始节,通过任务驱动的方式让学生学习机械能的相关知识,为后面学习内能打下基础。本单元的第一节的教学流程如图2.29。

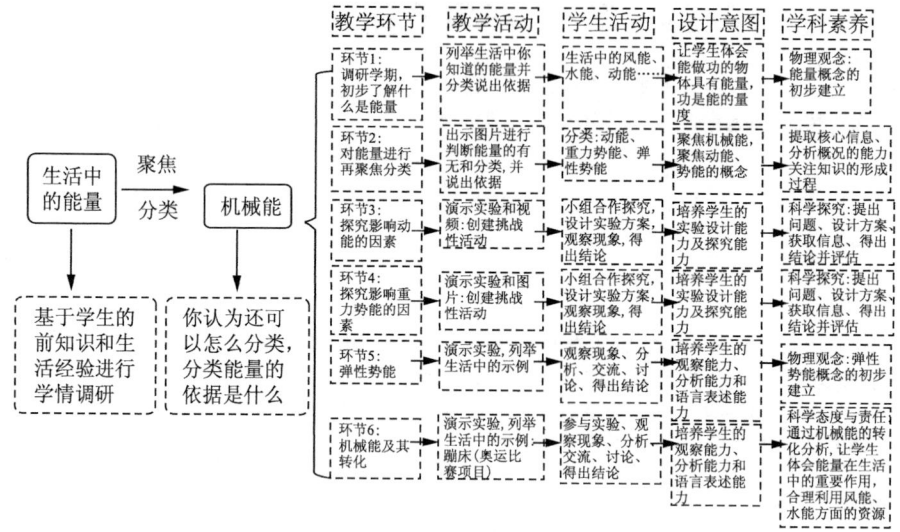

图 2.29 教学流程图

## 10.2 课时学情分析

学生经历了小学科学课和初中八年级物理课的学习,以及从日常媒体中都可能了解一些有关"能"或"能量"的知识,因此对"能"有一些初步的了解,但对于"能"的概念仍是很模糊的,为了突破"能"这个抽象的概念给学生造成的学习困难,教学上需要把这个抽象的概念通过实验和实例具体化,从日常生活中与学生最密切的现象入手,在列举大量实例的基础上引导学生总结出运动物体能够做功,具有能量,称之为动能;被举高的物体能够做功,具有的能称之为重力势能;发生弹性形变的皮筋能够做功,具有的能称之为弹性势能等。通过实例使学生认识到"能"的存在,进而再引入规范的动能、势能和机械能等概念,让学生印象深刻、易于接受。学生通过前面的学习具备基本的实验探究能力,会用实验仪器测量基本物理量,例如用刻度尺测量长度。但是对于动能的测量我们初中阶段没有实验仪器,需要引导学生思考,遇到没有实验仪器的时候,如何进行比较。有关动能大小的比较我们采用转换法,将不容易测量的物理量转换成可测量的物理量,这是本单元学生待发展的学科方法方面的学习。学生通过任务驱动,设计探究实验,在进行实验的过程中,小组合作收集证据,对证据进行分析、交流、讨论形成初步结论。

课堂上对动能和重力势能影响因素的探究性学习学生可能会意犹未尽，课后老师可以布置实践类作业：学生利用动能和势能相互转化的原理自制一个小装置或小玩具，这样的活动进一步加深对动能、势能的理解，同时培养学生的创造能力和创新精神。

10.3　课时学习重点

通过生活中的实例，初步建立动能、重力势能、弹性势能概念，从而初步建立相互作用和能量观念。本节课通过前期向学生布置查询生活中各种各样形式的能量的任务，课上一开始进行头脑风暴，对你知道的能量形式进行分类并说出分类依据，学生通过大量列举生活中的能量形式，并分类，在一步步的讨论中，逐步得出什么是能量，分类的依据也就是动能和重力势能的概念雏形，通过这样的学生活动突破本节课的重点。

10.4　课时学习难点

通过动能和重力势能的探究实验，培养学生能对可探究性问题做出初步的假设、设计实验方案、获取处理信息、基于证据得出结论，以及对科学探究过程和结果进行交流、评估、反思的科学探究能力。体会控制变量法、转换法（动能、重力势能）、理想模型法的物理学科方法。本节课通过设计有挑战性的任务进行驱动，通过学生的动手实验探究、分析实验现象、交流讨论等得出结论这样的过程完成本节课难点的突破。

10.5　开放性学习环境

物理环境是实验室，虚拟环境有多媒体素材。

10.6　课时学习目标（表 2.73）

表 2.73　我身边的能量课时学习目标

| 主题学习目标 | 课时学习目标 | 对应关系说明 |
| --- | --- | --- |
| 初步形成能量观 | 通过观察实验现象或生活实例，初步建立动能、重力势能、弹性势能、机械能的概念，使学生建立相互作用和能量观念，培养学生的分类、概括、辨析能力。 | 目标 1、2 |
| 培养科学思维和建构模型能力 | 通过有关动能、重力势能和弹性势能的一系列实验，学习观察物理实验现象的方法，培养学生观察能力和实验探究能力。 | 目标 6、7 |
| 提升科学探究能力 | 通过动能、重力势能的实验探究活动，初步掌握设计简单探究实验的方法，学会从实验现象中分析、归纳、总结简单的科学规律的方法。 | 目标 9、10 |

续表

| 主题学习目标 | 课时学习目标 | 对应关系说明 |
| --- | --- | --- |
| 增强科学态度与责任 | 通过学习有关动能、势能及其相互转化知识的广泛应用，知道物体的动能和势能可以相互转化，在只有动能和势能相互转化的过程中，机械能的总量保持不变。通过实例激发学生学习物理的兴趣，培养理论联系实际的意识。逐步认识事物之间是相互联系的，不同事物之间是可以相互转化的。通过了解水能和风能在生活中的应用，初步认识绿色能源的开发，增强节能环保意识。 | 目标11、12 |

## 10.7 课时学习过程（表2.74）

表2.74 我身边的能量课时学习过程

| 任务 | 教学过程描述（按照任务或者活动的基本环节描述） |
| --- | --- |
| 任务1：说说你了解的能量形式有哪些？ | 活动1：头脑风暴。<br>问题1：同学们，说一说你知道的能量形式有哪些？<br>问题2：你是如何判断它是具有能量的？（你判断的依据是什么？）<br>问题3：是不是物体能做功越多，它具有的能就越大？请举个说明。<br>活动2：提供给学生图片：你能将这些能量分类吗？并说出你分类的依据。根据学生的分类，引导学生说出分类的依据，教师点评，在学生说出分类的情况下，引导学生分析概括出动能、重力势能、弹性势能的概念。 |
| 任务2：了解运动的物体具有动能及其影响因素。 | 活动3：教师演示：手推球，球向前运动，撞击木块。<br>问题1：球是否具有动能？你判断的依据是什么？动能大小与什么因素有关？<br>提出可探究的科学问题：猜想：物体的动能与物体的速度有关吗？<br>小球的速度大小转化成小球静止时放置在斜面的高度。<br>活动4：探究影响动能因素的学生实验。 |

续表

| 任务 | 教学过程描述（按照任务或者活动的基本环节描述） |
|---|---|
|  | 问题1：观察与思考：木块为什么会移动？木块移动说明了什么？滚动的小球能量的大小可以用什么方法来比较？什么现象可以说明动能大？依据是什么？<br>视频1：不同质量的小球同时由静止释放，到水平面速度始终一致。<br>问题2：动能在生活中的应用有哪些？我们学习动能有什么用？<br>观看并分析视频2：惊心动魄5秒钟。<br>问题3：通过刚才所学的知识，解释一下观看视频之后蕴含的科学道理。<br>过渡：<br>分析图片：古代水车具有什么能？（承上启下引出重力势能） |
| （第2课时）<br>任务3：了解物体具有的势能及其影响因素。 | 活动1：教师演示。<br>问题1：还是这个小球，静止在桌子上，有没有能量？我把它拿起来，有没有能量？<br>活动2：探究重力势能与什么因素有关？<br>用所给器材设计实验探究，验证猜想。<br>引导学生再次运用控制变量及转化法。<br>学以致用：分析打夯机、高空掷物的危害等。<br><br>活动3：教师演示实验（弹性势能的影响因素）。<br>问题1：对比两个滚筒，一个滚不回来，一个为什么可以再滚动回来？<br>演示实验：<br>想一想为什么滚筒可以再回来？ <br><br>问题2：弹性势能大小与什么因素有关？你还能想到生活中哪些物体具有弹性势能？|

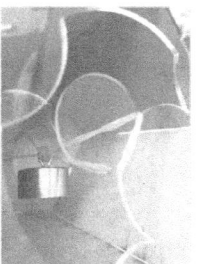

续表

| 任务 | 教学过程描述（按照任务或者活动的基本环节描述） |
|---|---|
| 任务4：机械能守恒定律 | 活动4：教师演示实验（把单摆的小球换成质量大的重物增加实验的趣味性）。<br>第一次实验：打破纸张，第二次换成教师自己，猜想能不能打到鼻子。<br>问题1：我们在前面已经知道了什么是机械能，能量之间可以相互转化吗？<br>问题2：能量之间发生了什么转化？为什么会转化？通过做功的方式进行能量转化。<br>问题3：机械能是否守恒？分析其能量转化。<br>拓展：观看视频（奥运会蹦床比赛）<br>蹦床中的能量转化（难点：速度的变化！动能变化的分析！）<br>布置课后任务：查找资料：了解我国绿色能源的使用情况。例如风能和水能。 |

## 10.8 板书设计

能量：物体能够对外做功具有的能量。

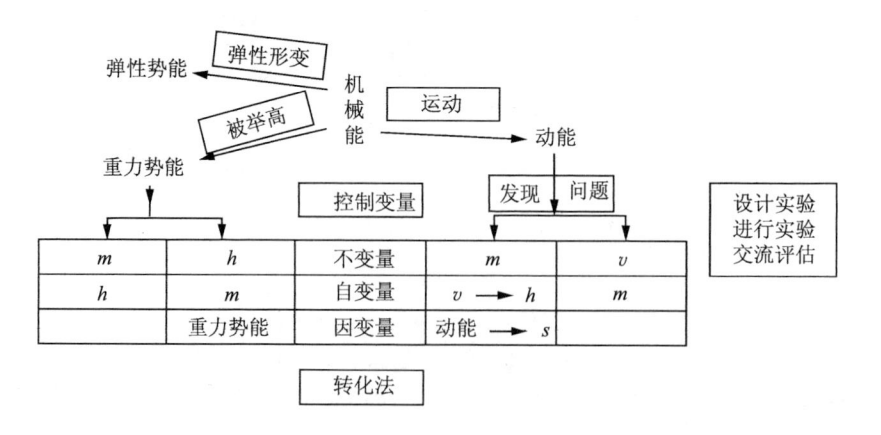

| | | | | |
|---|---|---|---|---|
| $m$ | $h$ | 不变量 | $m$ | $v$ |
| $h$ | $m$ | 自变量 | $v \rightarrow h$ | $m$ |
| 重力势能 | | 因变量 | 动能 $\rightarrow s$ | |

转化法

## 10.9 教学反思与改进

10.9.1 单元教学设计是指以一个单元学习内容为整体，既能统筹、规划统揽全局，又能按步骤有序地开展系列教学活动，以取得最佳的教学成效。单元教学并不是简单地打破"节"，其精髓在于整体设计与有序实施，即在整体设计时心怀具体内容，具体内容实施时仰望整体。核心任务是指教师在教学中的单元内，按照课程标准和单元教学的目标，以培养核心素养为导向，将学习的内容和学科的思想方法设计成一个大的任务。

单元教学促进了教师的专业提升。单元设计的过程中能让教师像学科专家那样思考，选择主题、确定目标、设计大任务，这需要教师立足单元，上接学科核心素养，下连知识点的目标或要求，既要站在高位上设计单元，又要落在课节上来实施教学，既要仰望整体目标，又要心怀具体策略，是新课标理念下教学的一个突破。

10.9.2 "大任务"最好要具有延展性。"大任务"的确定要切合主题，适应学生的探究水平，有利于激发探究动机。教师可视教学内容、目标、条件、对象和阶段的不同，确定不同的"大任务"，使"大任务"在教学的各环节中真正发挥推动探究的作用。

（1）更加关注学生的学习需求和兴趣。

课堂教学更加充分挖掘学生的兴趣、原有认知和需求而确定具有挑战性的主题。

（2）关注知识的形成过程。

课堂逐步从解析知识到关注知识的形成过程，使学生的思维深度加深。

（3）改变学生的学习方式。

由以知识讲授为主，变为利用探究性活动自主学习，注重小组的合作交流。

（4）重视学生的反馈与评价。

教学中注重各环节的评价和持续性的评价方式。

10.9.3 进一步改进的思考：

（1）对"大任务"理论学习需要进一步加强，希望能够达到从模仿到灵活运用的程度。

（2）"发问置疑""独立思考"和"思考讨论"是三个高品质的、能够促进学生深度参与的学习行为。在教学中要注重学生的思考与讨论，鼓励学生主动提出问题，而不是被动回答问题。重视生成性问题的产生，抓住机会引发学生深度思考、深度参与其中。

（3）确认单元主题过程中有一定的困难，如何确定一个吸引学生同时承载实现单元目标的主题并设计好"大任务"以及下面的分级任务需要笔者进一步的学习。

作者：何文娟

## 案例三

1. 主题名称：重新认识生活中的小机械

2. 主题概述

2.1 核心概念：机械和功（图2.30）

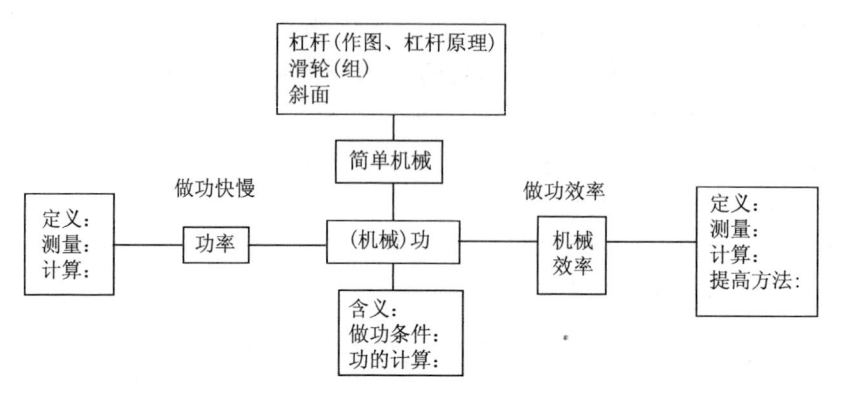

```
                    杠杆(作图、杠杆原理)
                    滑轮(组)
                    斜面
                        │
                     简单机械
     做功快慢            │            做功效率
定义:          ┌────┐    │    ┌────┐          定义:
测量:  ────── │功率│────(机械)功────│机械│──────  测量:
计算:          └────┘    │    │效率│          计算:
                        │    └────┘          提高方法:
                     含义:
                     做功条件:
                     功的计算:
```

**图 2.30　机械和功核心概念框架图**

### 2.2　内容结构

本主题以机械和功为核心知识，以走进武汉火神山医院超级工程的施工现场，一探这些工地神器的基本原理为大任务，设计具体情境任务群分解大任务开展单元复习教学。

### 2.3　呈现方式

通过任务驱动教学，本单元核心任务为探索生活中常用机械的工作原理，在这个核心任务之下又设计了五个任务，如表 2.75。

**表 2.75　机械和功单元核心任务和子任务设计**

| 核心任务 | 子任务 | 教材对应内容 |
| --- | --- | --- |
| 探索生活中常用机械的工作原理 | 任务 1：你能找出大工地上的小机械吗？ | 杠杆、滑轮、功率、机械效率 |
| | 任务 2：你能用什么机械搬运蔬菜？<br>任务 3：你能自制杆秤称一称冬瓜的质量吗？ | 杠杆、滑轮、滑轮组 |
| | 任务 4：你能揭秘工地神器的奥秘吗？ | 杠杆、滑轮、功、功率、机械效率 |
| | 任务 5：开放型任务：据说有人能用手机做起重机吊起家用冰箱，你能想想他是怎么做到的吗？ | 杠杆、滑轮 |

### 3. 主题学情分析

本单元内容学生在初二下学期已进行学习，有一定的理论基础，但是由于本单元知识点多、实验多、结构不紧密，学生掌握情况并不理想，而复习教学必须基于课标和教材内容，但如果再按照教材的逻辑顺序进行复习，复习模式单一且部分知识出现重复，学生容易思维疲惫，打破原有教材结构，重组、整合教学内容，通过设置一个真实的大任务情境贯穿统领全章，将核心概念与具体概念设计成深度问题或者挑战性活动，让学生在体验解决实际问题的过程中构建知识，学生能够积极主动地、批判性地进行学习，并能够以新情境中的迁移为导向从而实现复习知识的内化和高阶思维能力的发展。

根据本单元复习内容及学生的学习情况，结合近一年的社会大背景，选取武汉火神山医院建设施工现场作为活动情境，确定探索生活中常用机械的工作原理作为单元大任务。

4. 开放性学习环境

上课的环境是在教室和实验室，虚拟环境是视频影像等资源，人文环境是有融洽的师生关系和学生组成的学习小组。

5. 单元学习目标（表 2.76）

表 2.76 机械和功单元学习目标

| 课标素养 | 学习目标 | 对应水平等级 |
| --- | --- | --- |
| 物理观念 | 1. 通过作图和实验，以视频短片为载体掌握简单机械、机械功、功率和机械效率等基本概念。 | A2 |
| | 2. 通过解决真实情境问题，掌握杠杆平衡条件，机械功和功率、机械效率的公式并提升运动和相互作用观、能量观。 | A4 |
| 科学思维 | 3. 通过实验和计算的复习，能将具体的工具抽象成杠杆，能运用力和运动的关系灵活分析物体的受力。 | B4 |
| | 4. 通过对比、类比、科学探究等方法去分析问题解决问题，有建模、归纳的意识。 | B4 |
| 科学探究 | 5. 通过设计制作杆秤、机械小神器，掌握"探究杠杆平衡条件""测量滑轮组的机械效率"等物理实验，并提升实验设计、动手操作能力。 | C3 |
| | 6. 通过解决生活中真实问题，提升从生活现象中提出可探究的科学问题，及制定科学探究方案的能力，增强控制变量的意识，会使用实验器材获取实验数据，能根据数据分析实验结论和进行实验的评估和改进。 | C4 |
| 科学态度与责任 | 7. 通过观看视频，增强热爱祖国、热爱科学的豪情壮志。 | D1 |
| | 8. 通过了解人类使用的劳动工具的发展、改进和创新过程中领悟科学、技术和社会的关系，体会肩负保家卫国、用科学技术服务社会和国家的责任感和神圣使命感。 | D2 |

## 6. 单元教学过程（方案：以活动 / 任务为单位规划）（表 2.77）

表 2.77　机械和功单元教学过程

| 任务序号 | 时长 | 教学过程 |
| --- | --- | --- |
| 任务 1：你能找出大工地上的大、小机械吗？ | 40 分钟 | 子任务 1：教师播放《见证中国速度》短片，辨别杠杆与滑轮模型。<br>问题：根据短片介绍，结合几幅图片，说说工地机械设备中都用到了哪些物理知识？它们有什么区别与联系？请用简洁的图形画出你找到的杠杆模型，并完整表示出杠杆的五要素或者滑轮组的绕线。<br>活动：学生观察图片并找出杠杆与滑轮，作图画出杠杆的五要素，练习滑轮组的绕线。<br>子任务 2：尝试对上图中杠杆进行分类。<br>问题：分类的依据是什么？能否列举生活中其他实例？<br>活动：学生对杠杆按照力臂长短及作用进行分类，并能够学以致用进行拓展。<br>子任务 3：判断机械是否做功。<br>问题：请自选上图中的一个场景，脑补工人工作过程图，说明工人师傅在什么情况下对物体做了功、什么情况下对物体没有做功？并说明你的判断依据。<br>活动：设想思考并回忆做功的概念，思维发散。<br>子任务 4：辨别功率与机械效率。<br>问题：九天建成的火神山医院，常规需要两年完成，这体现了中国速度，请你从物理学的角度谈谈你理解的中国速度是指什么？它对应的是功率还是机械效率？<br>活动：学生讨论并积极发言，同时复习理解功率机械效率的概念。 |
| 任务 2：你能用什么机械搬运蔬菜？ | 40 分钟 | 子任务 1：各方人士都为抗疫作出贡献。大年三十，河南退伍老兵王国辉开车 300 公里将 8000 斤冬瓜、上海青、香菜等送往施工现场。请你设计合理的方案将蔬菜搬下车（蔬菜是按照种类装在蔬菜筐中的），画出你的设计方案图。<br>问题：设计依据是什么？有哪些优点？<br>活动：学生小组合组完成省力机械设计。<br>子任务 2：估算人代替机械需要完成的功及功率。<br>问题：假如 8000 斤蔬菜全靠人力搬下卡车，请你估算一下人需要做的功是多少？如果搬完这些蔬菜一共用了半小时，请计算一下人做功的功率？<br>活动：学生讨论完成估算。<br>子任务 3：尝试解决综合问题。<br>问题：如果用图中的吊车搬运蔬菜，每次搬运 400 斤，吊车绳端的拉力 $F$ 是 2500N，菜筐上升 1 m 所用的时间是 2 s。<br>（1）画出挂在吊车下端的菜筐的受力分析图。<br>（2）拉力做的功是多少？<br>（3）吊车提升重物的功率是多少？<br>（4）该吊车滑轮组部分的机械效率是多少？<br>（5）你认为该吊车的滑轮组机械效率过低的原因是什么？请写出提高机械效率的方法。<br>活动：学生思考并完成解答。 |

续表

| 任务序号 | 时长 | 教学过程 |
|---|---|---|
| 任务3：你能自制杆秤称一称冬瓜的质量吗？ | 40分钟 | 子任务1：尝试设计一个制作杆秤的流程图。<br>问题：食堂的李师傅想知道冬瓜、上海青、香菜每种蔬菜大致有多少斤，你能用食堂的擀面杖、血橙等物品自制杆秤帮助李师傅称蔬菜吗？请你设计制作杆秤的基本流程图。<br>活动：学生思考并尝试设计。<br>子任务2：改进杆秤制作图。<br>问题：请同学们思考并交流所设计杆秤流程的优点与缺点？<br>活动：学生小组汇报交流，并改进方案。<br>子任务3：完成杆秤制作并进行实物测量。<br>活动：制作杆秤并测量。<br>问题：用身边已有的标准器材进行校对，你能分析出现差异的主要原因是什么？ |
| 任务4：你能揭秘工地神器的奥秘吗？ | 40分钟 | 子任务1：查阅资料或拆看玩具吊车对工地神器之一起重机的主要结构和原理进行学习，揭秘起重机的奥秘，并与同学分享你的收获。<br>问题：你能否陈述起重机的工作原理？主要部件有哪些？<br>子任务2：尝试制作"机械小神器"。<br>活动：教师呈现机械小神器"机械手和垃圾桶"，要求学生观察工作过程。<br>问题1：你能说出它们的工作原理吗？<br>问题2：你能模仿做一个机械小神器吗？ |

## 7. 评价建议（表2.78）

表2.78 机械和功单元评价建议

| 需评价的任务 | 任务评价描述 ||||
|---|---|---|---|---|
| ^ | 评价内容 | 评价指标 | 评价方法赋值方法 | 指向深度学习的特征及学习目标 |
| 任务1：你能找出大工地上的小机械吗？ | 简单机械、机械功、功率和机械效率等基本概念。 | 1.能正确抽象出杠杆模型，了解杠杆的基本特征和类型。<br>2.会画杠杆力臂和滑轮的绕线。<br>3.能找出杠杆模型，不会画力臂，不能分类。 | 学案完成情况 | 活动与体验，评价学生在实验过程中与同伴交流合作，获得数据、合理解释的探究能力。 |

续表

| 需评价的任务 | 任务评价描述 ||||
|---|---|---|---|---|
| | 评价内容 | 评价指标 | 评价方法<br>赋值方法 | 指向深度学习的特征及学习目标 |
| | 能利用杠杆平衡条件，机械功和功率、机械效率的公式解决有关问题。 | 1. 能正确依据杠杆的平衡条件对杠杆进行分类；能列举出生活中其他的实例。<br>2. 能积极思考并正确举例做功与不做功的情形；能准确总结做功的条件。<br>3. 能积极参与讨论，对功率和机械效率有正确的理解。 | 教师提问<br>学案完成情况<br>与同伴交流情况及回答情况 | 联想与结构，评价学生能利用力和运动的知识分析解决实际问题的能力。 |
| 任务2：你能用什么机械搬运蔬菜？ | 能否设计一个搬运蔬菜的省力机械？ | 能利用功的原理设计出搬运方案并给出合理解释。 | 根据设计过程和汇报结果评价 | 迁移与创造，评价学生能否设计一个搬运蔬菜的方案，并交流汇报工作原理。 |
| | 杠杆平衡条件，机械功和功率、机械效率的综合利用。 | 1. 能将具体的工具抽象成杠杆，能运用力和运动的关系灵活分析物体的受力。<br>2. 能利用杠杆平衡条件，机械功和功率、机械效率的公式解决实际问题。 | 学案解答情况 | 联想与结构，评价学生利用力和运动的知识分析解决实际问题的能力。 |
| 任务3：你能自制杆秤称一称冬瓜的质量吗？ | 能利用杠杆知识自制一杆秤。 | 1. 能自主设计出制作杆秤的流程。<br>2. 小组合作能完成制作，并实际操作进行校准。 | 学案完成情况<br>杆秤制作完成情况<br>杆秤测量准确程度 | 迁移与创造，评价学生能否制作一杆秤，通过对比、类比、科学探究等方法去分析问题解决问题，有建模、归纳的意识；评价学生在实验过程中与同伴交流合作，获得数据的探究能力。 |
| 任务4：你能揭秘工地神器的奥秘吗？ | 解释起重机的工作原理。 | 1. 能主动查阅资料，了解起重机构造及工作原理。<br>2. 能分享交流收获。<br>3. 能仿造制作出"小机械"。 | 调查报告完成情况<br>"小机械"制作完成程度 | 迁移与创造，评价学生能否主动学习，并交流汇报，能否学以致用创造设计"小机械"。 |

8. 反思性教学改进（选择）

9. 单元作业（选择）

10. 课时教学设计　　单元中第 1 课时

10.1　课时教材分析

本节教学为单元复习第一节，通过创设情境任务引导学生对本单元重要概念规律进行复习，包括杠杆的五要素、杠杆平衡条件、分类、功率与机械效率的辨析等，为后面利用杠杆平衡条件，机械功和功率、机械效率公式解决实际问题做好铺垫。

10.2　课时学情分析

学生已经学习过杠杆、滑轮、功和功率、功的原理、机械效率等，掌握了相关杠杆平衡条件、功的原理等规律，本节课打破原有教材结构，重组、整合教学内容，通过设置一个个真实的任务，将核心概念与具体概念设计成深度问题或者挑战性活动，让学生在体验解决实际问题的过程中构建知识，学生能够积极主动地、批判性地进行学习，并能够以新情境中的迁移为导向从而实现复习知识的内化和高阶思维能力的发展。

10.3　课时学习重点

通过复习，掌握简单机械、机械功、功率和机械效率等基本概念规律。

10.4　课时学习难点

能抽象出杠杆模型，了解杠杆的基本特征和类型并能正确画出力臂，能理解辨析功率和机械效率。

10.5　开放性学习环境

物理环境是实验室，虚拟环境：火神山施工现场。

10.6　课时学习目标（表 2.79）

表 2.79　机械和功第一节课时学习目标

| 主题学习目标 | 课时学习目标 | 对应关系说明 |
| --- | --- | --- |
| 形成相互作用和能量观 | 以视频短片为载体，通过复习，知道简单机械、机械功、功率和机械效率。 | 目标 1 |
| 培养科学思维和建构模型能力 | 能将具体的工具抽象成杠杆，能运用力和运动的关系灵活分析物体的受力。 | 目标 3 |
| 提升科学探究能力 | 通过对比、类比、科学探究等方法去分析问题解决问题，有建模、归纳的意识。 | 目标 4 |
| 增强科学态度与责任 | 通过视频观看，激发学生热爱祖国、热爱科学的豪情壮志。 | 目标 6 |

## 10.7 课时学习过程（表2.80）

表2.80 机械和功第一节课时学习过程

| 任务 | 教学过程描述（按照任务或者活动的基本环节描述） |
|---|---|
| 任务1：找出工地上的大、小机械。 | 播放《见证中国速度》武汉火神山医院九天完成震撼世界……<br>问题1：根据短片介绍，结合下面几幅图片，说说工地机械设备中都用到了哪些物理知识？它们有什么区别与联系？请用简洁的图形画出你找到的杠杆模型，并完整表示出杠杆的五要素或者滑轮组的绕线。<br><br>活动：学生观察图片并找出杠杆与滑轮，作图画出杠杆的五要素，练习滑轮组的绕线。<br>设计意图：让学生从真实场景和实际问题中抽象杠杆模型，了解杠杆的基本特征和类型，会画杠杆力臂和滑轮的绕线，从而复习杠杆和滑轮的基础知识。 |
| 任务2：对杠杆进行分类。 | 问题2：能否将你在上图找到的杠杆模型进行分类？在注明理由的同时再各举一至两个类似的生活实例加以补充？<br>活动：学生对杠杆按照力臂长短及作用进行分类，并能够学以致用进行拓展。<br>设计意图：通过对杠杆分类引导学生复习杠杆的五要素，杠杆平衡条件，正确寻找力臂等。 |
| 任务3：判断机械是否做功？ | 问题3：请自选上图中的一个场景，脑补工人工作过程图，说明工人师傅在什么情况下对物体做了功、什么情况下对物体没有做功？并说明你的判断依据。<br>例如：肩扛木板的张师傅……<br>活动：学生思考并回忆做功的概念，思维发散。<br>设计意图：自选场景脑补工人师傅搬运重物过程中力对物体是否做功，了解力对物体做功的条件。 |
| 任务4：辨别功率与机械效率。 | 问题4：九天建成的火神山医院，常规需要两年完成，这体现了中国速度，请你从物理学的角度谈谈你理解的中国速度是指什么？它对应的是功率还是机械效率？<br>活动：学生讨论并积极发言，同时复习理解功率机械效率的概念。<br>设计意图：通过思考和辨析，区分物理中的速度、功、功率、机械效率等基本概念。在提升学生模型建构、相互作用观等核心素养的同时落实中考要求的基础知识和基本技能。同时激发学生热爱祖国、热爱科学的豪情壮志。 |

## 10.8 板书设计

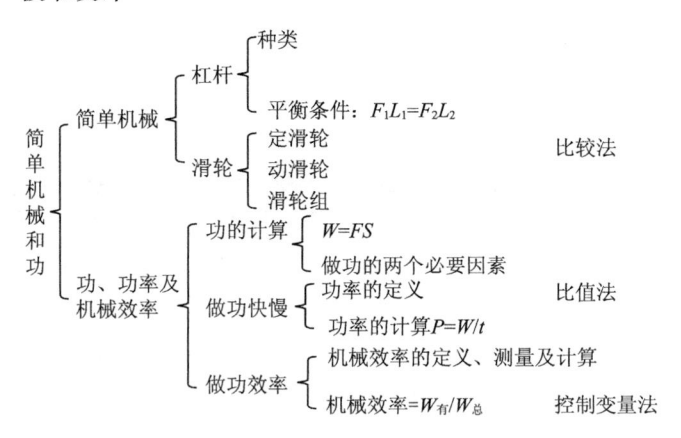

```
                            ┌─ 种类
                 ┌─ 杠杆 ─┤
                 │          └─ 平衡条件：$F_1L_1=F_2L_2$
       简单机械 ─┤                                           比较法
                 │          ┌─ 定滑轮
                 └─ 滑轮 ─┼─ 动滑轮
简单                        └─ 滑轮组
机械 ─┤
和功                        ┌─ 功的计算 ─┬─ $W=FS$
                 │                        └─ 做功的两个必要因素
       功、功率及┤           ┌─ 功率的定义                    比值法
       机械效率 ─┼─ 做功快慢┤
                 │           └─ 功率的计算 $P=W/t$
                 │           ┌─ 机械效率的定义、测量及计算
                 └─ 做功效率┤                                控制变量法
                             └─ 机械效率=$W_有/W_总$
```

## 10.9 课时作业

(1) 通过观察、查阅资料等方式，进一步了解起重机的构造和基本工作原理，并撰写一篇研究报告。

(2) 完成学案中本单元历年中考典型真题部分，主要有实验与计算，巩固本节复习内容。

## 10.10 教学反思与改进

(1) 传统的复习课一般为一个单元或一个知识板块的复习，一般采用"梳理知识 – 学习练习 – 教师讲解"的教学流程，这样的模式有很多弊端：①实验复习过度知识化，缺乏思维和方法的训练；②知识琐碎，缺乏条理性，学生对知识间的逻辑结构不了解，无法结构化知识；③学生参与度低，教学方式单一化；这样的复习教学，学生总是跟着教师的思维走，思维能力得不到提高，"大任务统领单元复习教学"打破教材结构，重组、整合教学内容，通过设置一个真实的大任务情境贯穿统领全章，学生在体验解决实际问题的过程中构建知识，学生能够积极主动地、批判性地进行学习，并能够以新情境中的迁移为导向，从而实现了学习知识的内化和高阶思维能力的发展。本单元的设计问题开放度大，学生能够充分发散思维。

(2) 教师在设计教学案时，需要理清思路，根据单元目标确定每一个课题的子任务，然后实施设计，在实施设计时为保证思维的深入，进行深度学习需要整合各种资料，找出最有效、最有利于学生学习的任务情境，在学习评价的指引下，教师能更清楚确定目标是否落实到位；在落实理念方面，这样的设计更易于实现复习课中学生思维的发展，学生的学习效率更高。

作者：黄　伟

# 第三章

# 基于深度学习的单元教学实践反思

## 一、单元教学促进了教师的专业提升

单元设计的过程中能让教师像学科专家那样思考，选择主题、确定目标、设计大任务，这需要教师立足单元，上接学科核心素养，下连知识点的目标或要求，既要站在高位上设计单元，又要落在课节上来实施教学，既要仰望整体目标，又要心怀具体策略，是新课标理念下教学的一个突破，这对教师的专业发展有了更高的要求。

1. 深入研究学科是基础。作为专业的物理学科教师，需要对学科本身有着较为深入的认识，从物理学史中挖掘哲学的起源，从物理的学科中探寻逻辑的力量，从物理学发展中关注科技的前沿等，这些都是我们作为物理教师的基本素养。没有这些无从谈及大单元、大概念、大任务等，只有我们教师对学科本身有了深入的认识，才可能在教学设计和实施中游刃有余。

2. 立足学生的学习是核心。在教学中我们不仅要关注知识逻辑、教学逻辑，更要关注学生的学习逻辑，以知识逻辑为载体，基于学习逻辑设计我们的教学逻辑。教师的一项重要工作就是研究学生，研究学生是如何认识问题、思考问题和解决问题；研究每一部分内容中，学生可能会遇到哪些困难。学生的成长环境变了，特别是社会、经济高速发展、信息技术高速发展，人才培养的着力点也从比记忆和计算转向比创新和想象。互联网、移动终端的高速发展让网络学习日趋常态，学生中的"数字原住民"越来越多，他们靠技术手段快速获取信息、交流信息，他们还喜欢自己选择课程，喜欢主动学习而不是被动接受。比如在《设计制作加速度测量仪》这个单元教学中，最后一课时是学生拿着自己制作好的加速度测量仪和手机中的"物理工坊"的加速度传感器一起测量电梯的加速度。对于从智能手机下载"物理工坊"APP，到选择传感器、测量、图像分析，这几个环节教师只是做了简单的介绍，学生就能很好地利用智能手机达到加速度的测量，并且在工坊 APP 中还自行研究了声音、振幅、力等各种传感器测量及数据分析。这些学生自主学习一定程度借助了智能手机的使用，并且很好促进了他们对手机功能的开发。

3. 经验变得更有价值。教师的工作如果从时间上大致划分，不外乎初高中的教学，更多的是实践，教师们积累了太多的经验和素材，如何让经验变得更有价值这是教师专业提升中重要的环节。新教材、新高考、新课标，教学对象是新一代的学生，我们只有在教学改进中不断思考和探索，才能让课堂充满活力，教学持续创新。以高中物理必修一《超重和失重》这节教学为例，基于知识本位的设计，曾在这节课上设计多个实验，从力和运动的视角促进学生理解超重和失重的概念；基于学生主体的教学设计，曾将体重秤搬进教室，每两人一台，小组完成体验并记录数据分析，进而理解超重和失重；基于深度学习的单元教学理念，设计成一个任务"制作加速度测量仪"并测量电梯的加速度，从而引出超重和失重。从这个案例可以看出知识没有变，但是学生变了，培养学生的目标变了，那我们的教学就要发生改变，实现改进，这样才能让我们的经验更有价值。

## 二、单元教学提升了学生思维的结构化

单元的确定根据学情、教材、课标及教学的进度，单元的大小在不断扩大，理解也更加深入。将新知识纳入原有的知识体系需要分类和整合，需要教师引导重构知识体系，培养思维的结构化。在高中物理必修 1 的教学中，从知识单元的运动、力、运动和力，这样一个不断深入的学习中，培养学生利用思维导图，将主题词从运动到力，再到运动和力，不断梳理学习的逻辑，将思维外显，进而整合所学知识的内容。如图 3.1、图 3.2 即为学生以"运动"和"力和运动"为主题梳理的思维导图。

## 三、单元教学实践促进新课标的研究和学习

2017 年新课程标准的颁布，对于一线教师如何在课堂中实践，如何实施"立德树人"的根本任务，这需要有切实可行的策略和方案。基于深度学习

基于深度学习的单元教学实践

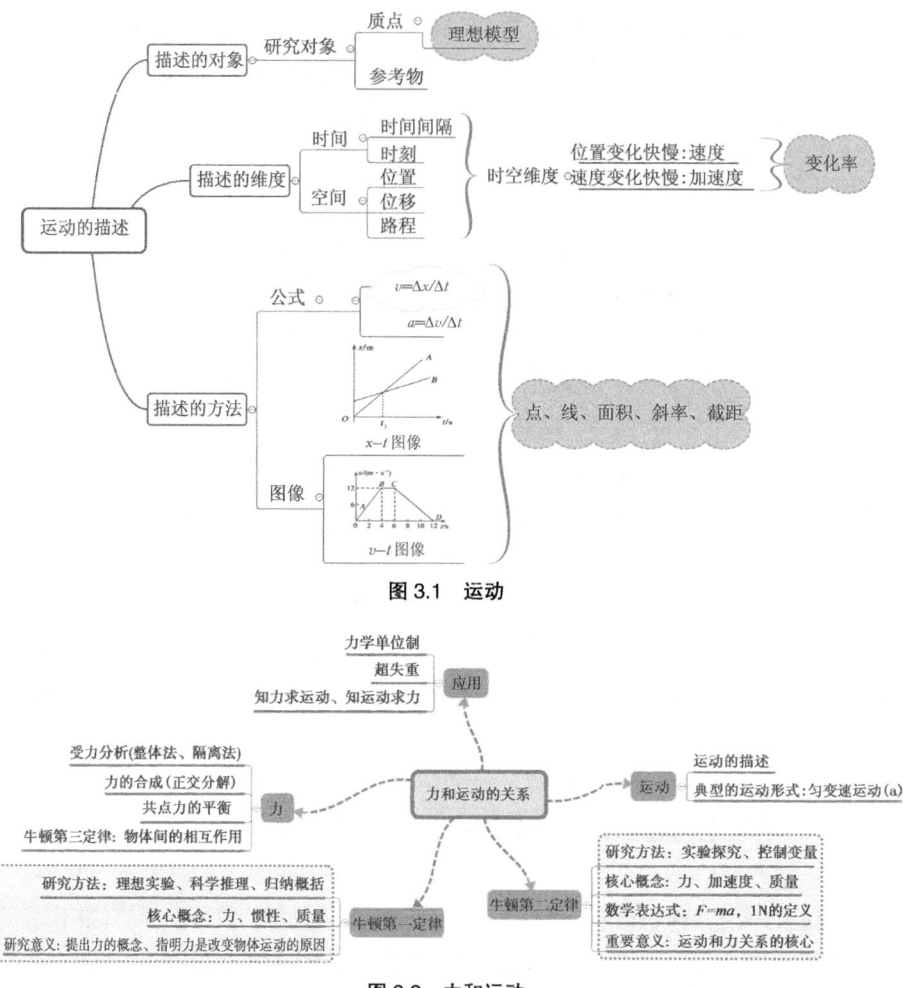

图 3.1 运动

图 3.2 力和运动

的单元教学为实践提供了理论支撑，为实践指出了具体方向和路径。在带领教研组进行单元教学研究的过程中，教师们需要不断研究新教材、新课标，在这种任务驱动的过程中加强对课标的学习和研究，这样的理论和实践相结合促使教研落到了实处。在历时将近三年的研究和实践中，教师们对于新课标、新理念的学习已在同行中上升一个新的高度。

关于新课标的落地和深度学习的单元教学实践研究一直在路上，北师大三附中物理教研组只是做了初步的探索，有不成熟之处，还恳请读者指出。

# 参考文献

[1] 中华人民共和国教育部. 普通高中物理课程标准（2017年版2020年修订）[M]. 北京：人民教育出版社, 2020.

[2] 教育部考试中心. 中国高考评价体系说明[M]. 北京：人民教育出版社, 2019.

[3] 教育部基础课程教材专家工作委员会. 普通高中物理课程标准解读(2017年版2020年修订)[M]. 北京：高等教育出版社, 2020.

[4] 温·哈伦. 以大概念理念进行科学教育[M]. 韦钰, 译. 北京：科学普及出版社, 2016.

[5] 上海市教育委员会教学研究室. 中学物理单元教学设计指南[M]. 北京：人民教育出版社, 2018.

[6] 刘月霞, 郭华. 走向核心素养的深度学习[M]. 北京：教育科学出版社, 2018.

[7] 张玉峰. 以大概念、大思路、大情境和大问题统领物理单元教学设计[J]. 中学物理, 2020,38（5）：2-7.

# 后记

《基于深度学习的单元教学实践》是北京师范大学第三附属中学全校整体推进课程改革探索、实践的部分成果。在白计明校长的指导和张玉平副校长的组织下，立足新的课程标准，根据学校的具体学情，结合我校的师资队伍，借助北京师范大学的教育资源，不断完善学校的课程体系。各教研组结合本学科的特点，进一步完善学科的课程方案，聚焦课堂的改变，提升课堂实效性，发展教师的专业素养，真正创设以学生为主体的课堂教学。

这本书所汇总的案例是北师大三附中物理教研组所有教师的实践和智慧。多年来物理组在王秀娟组长的带领下不断探索、变革物理课堂教学，积累了丰富的案例。高中年级王丹老师的《从宏观和微观的视角研究分子的热运动》，田立元老师的《机械能及守恒的研究》，两位老师合写的《用"图像语言"描述和研究电容器》；王秀娟老师的《设计直线粒子加速器》《设计制作加速度测量仪》《以简谐运动的研究发展运动和能量观》；马跃老师的《用图像分析实验数据》，这些都是依据高中新教材、新课标理念下的教学实践。初中年级黄伟老师的《水中逃生——探究汽车落水后人的逃生方案》《重新认识生活中的小机械》；曹藏文老师的《设计制作电饭煲》《生活中的力》；吕旭其老师的《设计制作一件乐器》，何文娟老师的《我身边的能量》，这些都是依据新课标中学科素养，基于真实情境的教学实践。上述共计13个案例，都是历经了前期的单元设计，专家指导，课堂实践这样一个校本的研修过程，在市区及以上得以展示的研究课，得到了同行的高度评价。

本书也是北师大三附中物理教研组作为区级学科基地校的一个实践成果的梳理。2017年9月，我校成功申报了海淀区物理学科基地校。作为基地校，我们在继承学科已有成果的基础上，又根据新的课程标准探究课堂教学的改进，从而达到对区域课堂教学、校本教研的辐射和引领。2016年"基于深度学习的单元教学"仅在海淀区初中部分学科参与课题实践，我校借助北师大的教育资源，海淀区的平台，主动申请加入实践，并逐渐从初中拓展到了高中。在短短的五年时间，我校不断推出课堂研究的案例，依托案例深入研讨和改进，这个过程中得到了海淀区教师进修学校马朝华老师带领的物理教研室各年级的教研员、北京师范大学物理系李春密教授、北京师范大学教育学院郑葳教授的全程指导和大力支持。在此，感谢市区各级领导对北师大三附中物理教研组建设过程的关心，使得我校学科建设在传承的同时，有思考、有创新、有引领、更有业绩和成果。

  本书的出版是教师专业学习和成长的阶段收获。这本书的总体策划和指导者张玉平副校长作为北京市名校长学习班的学员，三年来师从李希贵校长，从对学校教学的改进，到对教研组研修的指导；从深度学习理论的研究，到单元教学的实践，引领着北师大三附中的教学改进稳步推进。王秀娟老师，这本书的主要撰写人，作为北京市第七批名师班的学员，得到首都师范大学物理系郑鹉教授两年的理论指导，对于物理学科的理解、物理教学的研究都上升到一个新的高度。这本书从理论的架构，到实践的落地，都呈现出创新的亮点。

  在此，感谢给与教师成长和学校学科建设搭建平台的海淀区教师进修学校、北京市教委、北京市名师发展工程办公室、首都师范大学、北京师范大学等各级领导，有了你们的支持和帮助，我们的实践研究将再接再厉，再创新高。

  下笔时方知学识尚浅，水平有限，虽全力以赴，但错误疏漏再所难免，恳请读者批评指正。

王秀娟<br>
2021 年 12 月